끝나지 않은 전쟁

노근리 이야기

2부

원작
《노근리는 살아 있다》 (정구도, 백산서당, 2003)

참고 자료
《노근리 다리》 (최상훈, 마샤 멘도자, 찰스 핸리, 잉걸, 2003)
〈노근리사건 희생자 심사보고서〉 (노근리사건 희생자심사 명예회복위원회, 2006)
〈한국전쟁기 인권침해 및 역사인식의 문제〉 (정구도 외, 두남, 2008)
다큐멘터리 〈Kill'em All〉 (Time Watch, BBC, 2002)
다큐멘터리 〈노근리는 살아 있다–1부 그날의 진실〉 (창사특집 다큐, 청주MBC, 2009)

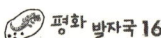 평화 발자국 16

노근리 이야기 2부
끝나지 않은 전쟁

2015년 11월 20일 1판 1쇄 펴냄 | 2021년 6월 28일 1판 3쇄 펴냄

만화 박건웅 | **원작** 정구도
편집 김로미, 박세미, 이경희 | **디자인** 김은미
제작 심준엽 | **영업** 나길훈, 안명선, 양병희, 원숙영, 조현정 | **독자 사업(잡지)** 정영지 | **새사업팀** 조서연
경영 지원 신종호, 임혜정, 한선희 | **인쇄와 제본** (주)상지사P&B
펴낸이 유문숙 | **펴낸곳** (주)도서출판 보리 | **출판 등록** 1991년 8월 6일 제 9-279호
주소 (10881) 경기도 파주시 직지길 492 | **전화** 031-955-3535 | **전송** 031-950-9501
누리집 www.boribook.com | **전자우편** bori@boribook.com

ⓒ 박건웅, 정구도, 2015
이 책의 내용을 쓰고자 할 때는, 저작권자와 출판사의 허락을 받아야 합니다.
잘못된 책은 바꾸어 드립니다.
값 25,000원
보리는 나무 한 그루를 베어 낼 가치가 있는지 생각하며 책을 만듭니다.

ISBN 978-89-8428-889-8 07300
ISBN 978-89-8428-855-3 (세트)

*이 도서의 국립중앙도서관 출판예정도서목록(CIP)은 서지정보유통지원시스템 홈페이지
(http://seoji.nl.go.kr)와 국가자료공동목록시스템(http://www.nl.go.kr/kolisnet)에서
이용하실 수 있습니다. (CIP제어번호: CIP2015029366)

끝나지 않은 전쟁

노근리 이야기 2부

박건웅 만화
정구도 원작

보리

차례

1 어둠의 세월 · 5
2 학살의 증거를 찾아서 · 69
3 아픈 기억 · 107
4 AP 특종 보도 · 127
5 슬픈 해후 · 187
6 제7 기갑연대 · 211
7 철옹성을 열다 · 239
8 총성 없는 전쟁 · 257
9 은폐된 기록 · 295
10 노근리는 살아 있다 · 357

부록 사진으로 보는 노근리사건의 진실 규명과 인권을 위한 싸움 · 388
한국 전쟁 당시 미군이 저지른 민간인 살상사건 상황도

1
어둠의 세월

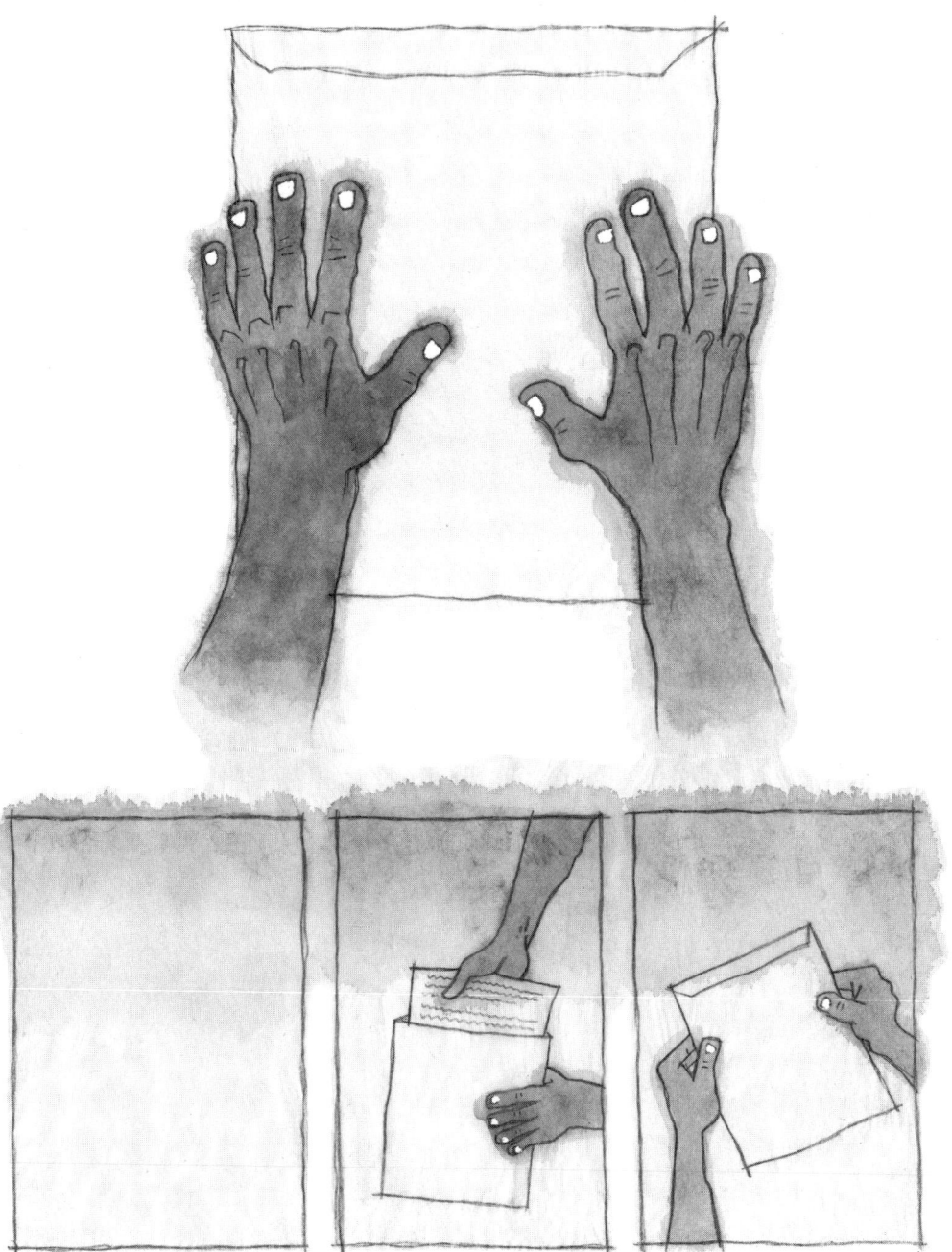

1960년 10월, 아버지 정은용은 유가족 여러 명의 날인을 받아 서울에 있는 주한 미군 소청사무소에 노근리사건에 대한 손해배상을 청구했다.

그해 11월 7일, 미군 소청사무소에서 답신을 보내왔다.

편지요.

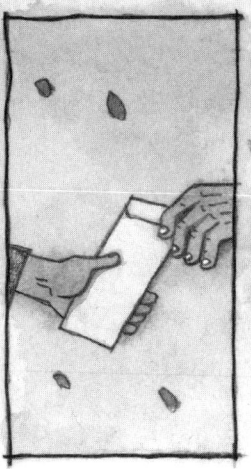

1961년 5월 16일, 남한에서는

박정희가 군사 쿠데타를 일으켰다.

박정희는 반공을 국시로 삼고 군부 통치를 시작했다.

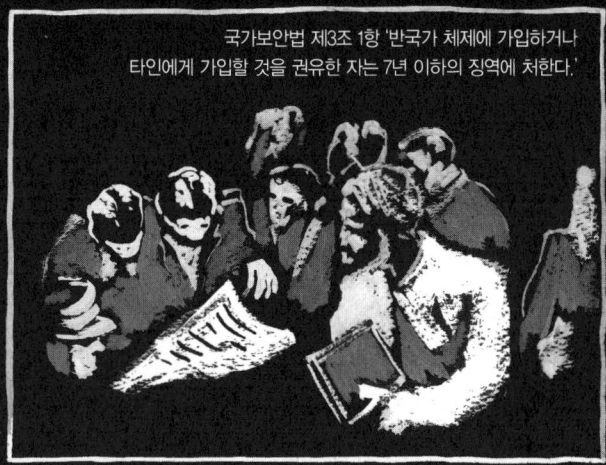

국가보안법 제3조 1항 '반국가 체제에 가입하거나 타인에게 가입할 것을 권유한 자는 7년 이하의 징역에 처한다.'

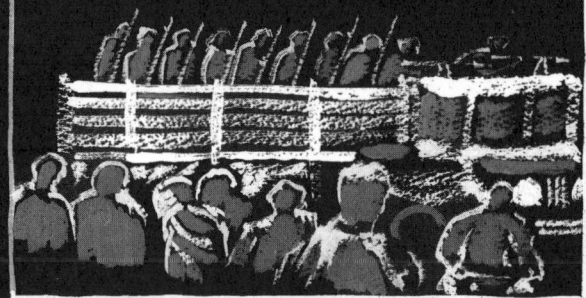

국가보안법 제4조 1항 '반국가 단체나 그 구성원 또는 공산 계열의 활동을 찬양 고무, 이에 동조하거나 기타의 방법으로 반국가 단체를 이롭게 하는 자는 7년 이하의 징역에 처한다.'

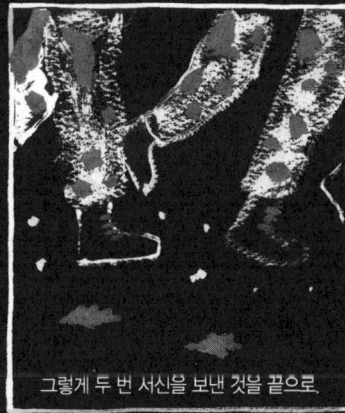

그렇게 두 번 서신을 보낸 것을 끝으로,

그 뒤 30여 년 동안 피해자들은 한국이나 미국 어느 쪽에도 진정서조차 제출할 수 없었다.

군사정권 체제 아래에서는 노근리사건의 진실을 밝히는 그 어떤 이야기조차 꺼내기 어려운 현실이었기 때문이다.

1979년 10월 26일 밤.

총성 두 발이 울리고, 끝나지 않을 것만 같던 박정희 독재 정권은 18년 만에 막을 내렸다.

그러나 곧이어 전두환 신군부가 나타났다.

그리고 1980년 5월 18일 광주, 어두운 시대 상황에서 민주화 투쟁의 열기는 더욱 뜨거워졌다.

신군부는 광주에 공수부대를 투입했고, 수많은 시민들이 희생되는 사건이 일어났다.

그렇게 전두환 정권이 탄생했다. 또다시 미국에 대해 우호적인 정책을 펼치면서

미국에 대한 모든 비판은 금기시되었다.

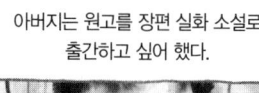

> 그때부터는 언론이 관심을 보일 만한 기삿거리를 계속 만들어 보이는 수밖에 없었다.

미 제1 기갑사단사 한국국방군사연구소에서 편찬한 〈6·25 전사〉처럼 여러 한국 전쟁 관련 기록을 검토하고 정리해 나갔다.

"영동-황간 지구 전투를 재구성해야 하는데……."

노근리사건이 미군 작전 지역 안에서 미군에 의해 일어났고, 교전이 없는 상황이었다는 걸 입증하는 것이 가장 중요했다. 또한 나는 여러 사람들 힘을 모으는 것이 필요하다고 생각했다.

"아버지, 피해자대책 모임을 만들어 보는 건 어떨까요?"

"일을 제대로 하려면 자료만으로는 안 되겠어."

피해자들 힘을 한데 모으는 대책위원회.

"음, 대책위라……."

1994년 7월 5일, 서울 주한 미국대사관.

우리 노근리 대책위원들은 클린턴 미국 대통령 앞으로 노근리사건에 대한 사과와 손해배상을 요구하는 진정서를 내기 위해 주한 미국대사관을 방문했다.

하지만 대사관 측은 문을 열어 주지 않았다.

노근리 피해자대책위는 미국과의 첫 대면에서 이렇게 초라하게 물러났지만, 이 일은 우리 의지를 굳게 다지는 계기가 되었다. 무시를 당하고, 어려움에 부딪히자 오히려 노근리사건을 끝까지 파헤쳐 진실을 알리고야 말겠다는 오기를 품게 된 것이다.

2
학살의 증거를 찾아서

1994년 여름, 나는 대학 시절 은사를 찾아갔다.

그 선생님은 하버드대학에서 동양사학을 공부하고, 젊은 시절에 한국에 온 뒤, 30년 가까이 교수로 재직했다. 정년퇴직을 하고 미국으로 돌아갈 준비를 하고 있던 터인데, 그분께 노근리사건 진상규명에 대한 조언을 듣고 싶었다.

그이는 미국 사람이었지만 한국 이름으로 살아왔고, 수업 시간에 군사정권에 대해 강하게 비판하는 정의감 넘치는 분이었다.

어서 와요.

곧 미국으로 가신다고요?

음, 노근리 사건이라…….

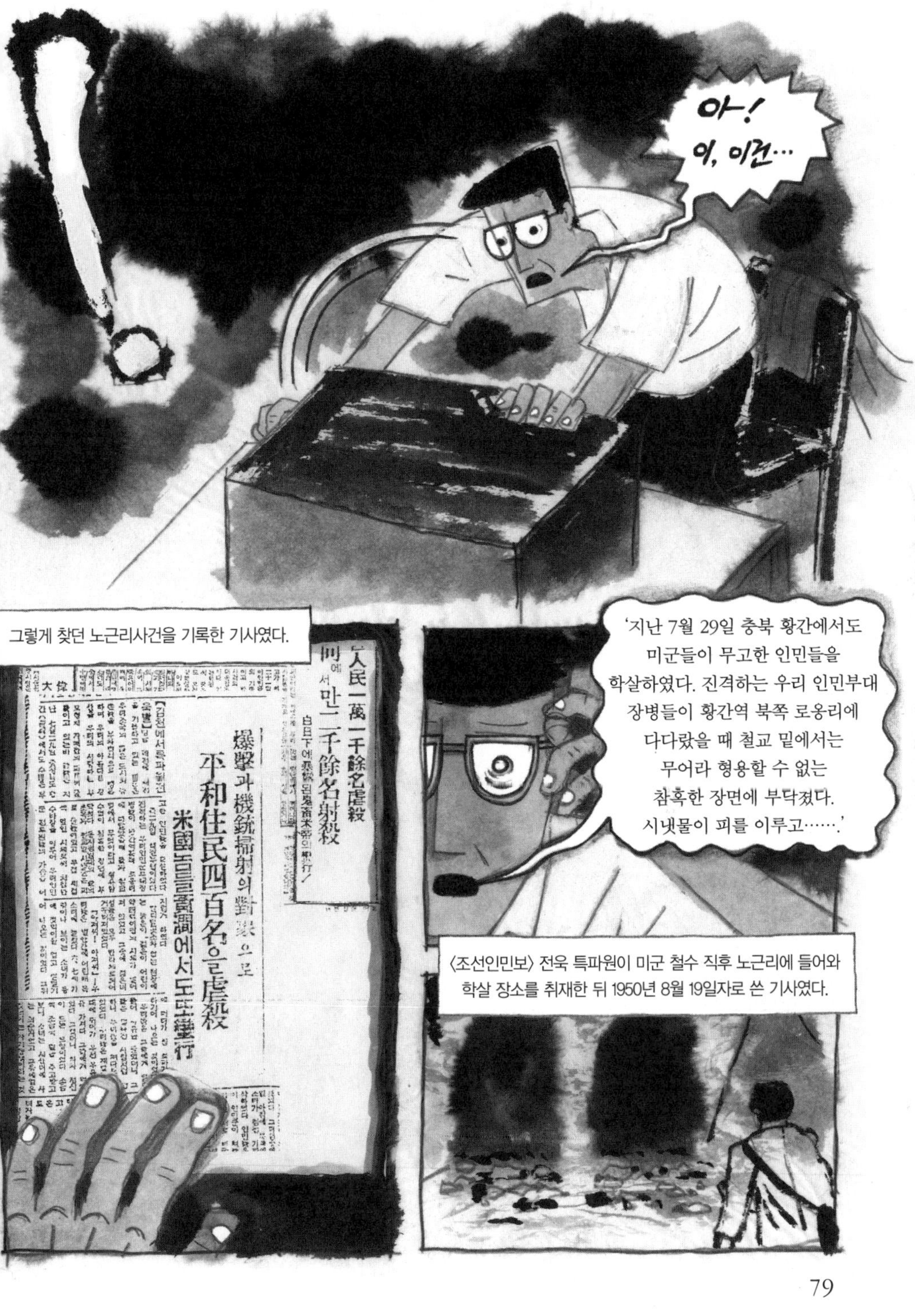

그렇게 찾던 노근리사건을 기록한 기사였다.

'지난 7월 29일 충북 황간에서도 미군들이 무고한 인민들을 학살하였다. 진격하는 우리 인민부대 장병들이 황간역 북쪽 로웅리에 다다랐을 때 철교 밑에서는 무어라 형용할 수 없는 참혹한 장면에 부닥쳤다. 시냇물이 피를 이루고……'

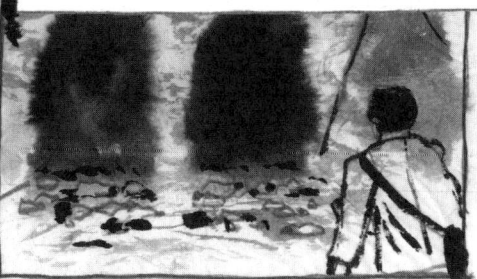

〈조선인민보〉 전욱 특파원이 미군 철수 직후 노근리에 들어와 학살 장소를 취재한 뒤 1950년 8월 19일자로 쓴 기사였다.

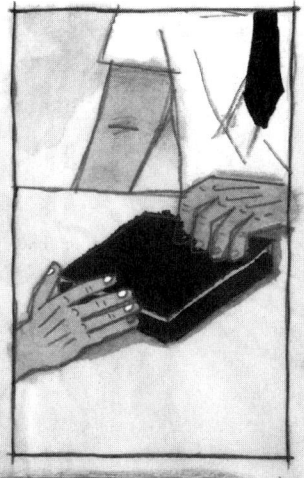

1994년 6월 13일, 북한이 국제원자력기구를 탈퇴하면서 한반도에 전쟁 위기가 고조되었다.

1994년 7월 9일, 평양방송에서 북한 김일성 주석의 사망 소식을 보도했다.

1994년 10월 21일, 성수대교가 무너져 34명이 목숨을 잃었다.

같은 날, 북미 제네바협정이 체결되어 한반도 위기는 해소되었다.

1995년 6월 29일, 삼풍백화점이 무너져 700여 명이 크게 다치거나 목숨을 잃었다.

1996년 8월 5일, 전두환, 노태우 두 전직 대통령에게 군사반란 혐의로 각각 사형과 무기징역이 구형되었다.

그렇게 3년이 흘렀다.

그 사이 나는, 언론뿐 아니라 '민주사회를 위한 변호사 모임'과 국제엠네스티 한국 지부에도 도움을 요청했지만 거절당했다. 지루하고 힘든 시간이었다.

그런데 뜻밖의 성과들이 나타나기 시작했다.

비록 적은 수이긴 했지만 피해자의 아픔을 이해하는 사람들이 함께하게 되면서 대책위 활동이 활기를 띠기 시작한 것이다.

내가 방송국에서 일했을 때 동료였던 김진희 기자는

새로 문을 연 아리랑방송에서 앵커로 일하고 있었다. 4월 어느 날, 나를 찾아왔다.

이쪽은 다 정리됐어요.

이게 보낼 자료이고…….

굿모닝!

!

정 부장님, 노근리사건을 이번 6·25 특집 뉴스로 다루어 보고 싶어요.

그러나 그 과정도 순탄하지 않았다.

윗사람을 설득하기가 쉽지 않아요. 미군을 취재하다 미 8군 사령부 공보담당 장교한테 폭언을 듣기도 했어요.

그런데도 김진희 기자는 열정을 가지고 취재를 이어 나갔다.

음.

저쪽에서 기관총을 쐈어요.

좋은 일이 있으려고 새벽에 그런 꿈을 꾸었던 걸까?

미군이 한국 전쟁 당시 민간인 수백 명을 학살한 사건이…….

이에 사건 피해자들은 사과와 배상을 요구하고…….

CNN에 보도가 된 뒤로 꽉 막힌 것 같았던 대책위 활동이 힘을 얻게 되었다. 나는 그동안 모은 자료를 정리해 MBC를 찾아갔다.

저것 좀 봐요. 우리 얘기가 나왔어.

아이고, 세상에나.

며칠 뒤 취재를 하겠다고 연락이 왔다.

2시까지 현장에서 보죠.

여기에서 미군들이 총을 쏘았습니다.

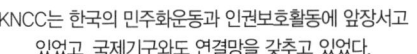
KNCC는 한국의 민주화운동과 인권보호활동에 앞장서고 있었고, 국제기구와도 연결망을 갖추고 있었다.

네, 저희가 적극 도와 드리겠습니다.

KNCC는 사건 현장조사를 거쳐 진상조사 보고서를 작성했다. NCC-USA(미국기독교협의회) 측에도 사건 진상규명에 대한 협조를 요청했다.

드디어 KNCC와 NCC-USA는 미국 국방부에 노근리사건에 대한 공개질의서를 보냈다.

청주지구 배상심의회에서 편지가 왔어요.

그래?

101

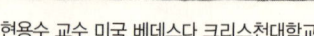

현용수 교수 미국 베데스다 크리스천대학교

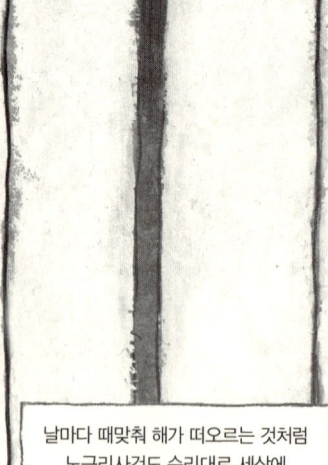

그즈음 MBC '시사매거진 2580' 팀은 미국 워싱턴 특파원인 김택곤 기자의 협조를 받아 미국 국립문서기록관리청에 소장된 문서를 뒤져 사건 당시 미군들의 소재를 파악하고 있었다.

정 선생님, MBC 김택곤 기자입니다. 노근리 관련 자료 좀 보내 주실 수 있으십니까? 취재에 필요한 것이 있어서요.

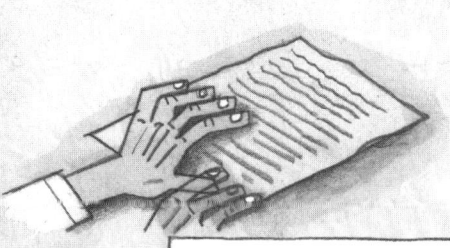

나는 그동안 모은 자료를 보내면서 편지를 한 통 써 넣었다.

"김 기자님, 이제까지의 연구 결과로는 제1 기갑사단이 노근리사건을 일으킨 것이 확실한데, 더 구체적이고 실증적인 연구를 위해서는 제1 기갑사단 예하 제5, 7, 8 기갑연대와 대대의 전투일지와 작전명령 등이 필요하니 이 문서를 찾아 주시길 부탁합니다."

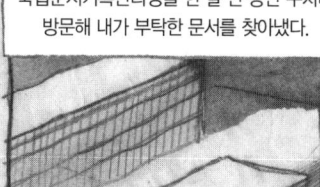

김 기자는 워싱턴 인근 메릴랜드 주 소재 국립문서기록관리청을 한 달 반 동안 수차례 방문해 내가 부탁한 문서를 찾아냈다.

3
아픈 기억

그동안 나는 한국과 북한 자료에만 의존해 왔는데, 김택곤 기자가 찾아다 준 미국 자료는 큰 도움이 되었다.

입수한 자료들에 대해 꼼꼼히 검토를 시작했고, 이제야 50년 역사를 거슬러 진실을 찾는 일에 가속도가 붙었다.

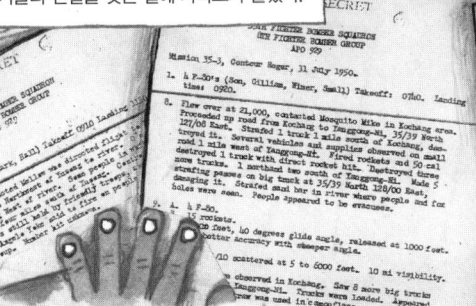

그러던 어느 날, 나는 아주 흥미로운 기록을 찾아냈다.

여기 좀 보세요.

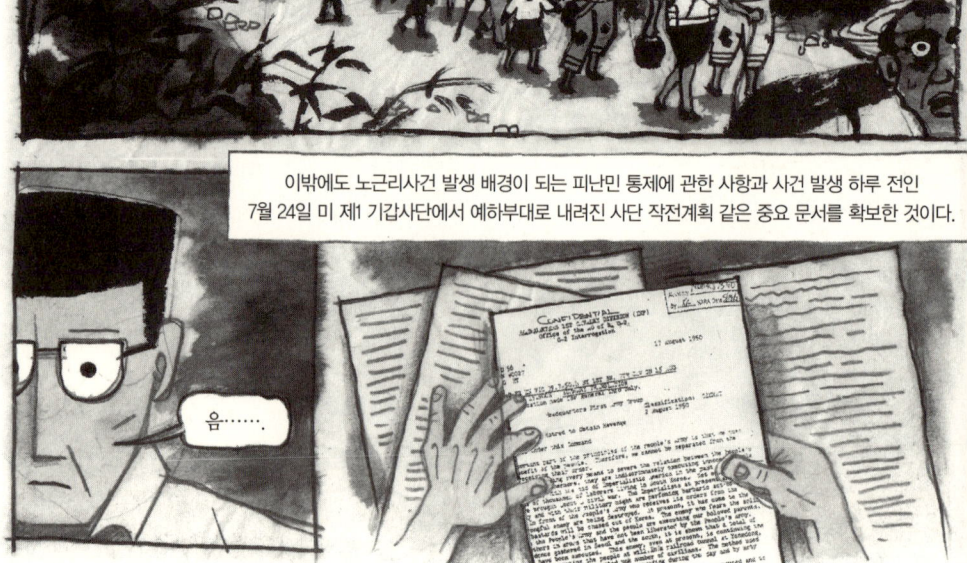

1999년 2월, 노근리사건에 대한 논문이 충북대학교 인문학지에 실렸다.

노근리사건을 다룬 최초의 역사학 논문이었다. 자료가 충분하지 않아 아쉬움이 남는 부분도 있었지만, 모은 자료 안에서 나름대로 충실하게 노근리사건을 일목요연하게 정리했다.

또 산 하나를 넘었구나.

1999년 3월 22일

미국 육군성은 미국 NCC 아시아 담당 국장 빅터 슈 앞으로 '노근리사건에 개입했다는 정보가 없다'는 답신을 보내왔다.

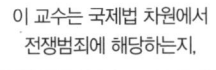

4
AP 특종 보도

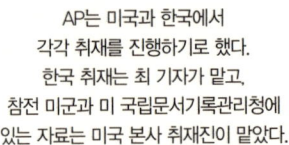

133

피해자뿐만 아니라 가해자에게도 그 일은 잊히지 않는 뼈아픈 기억이었던 것이다.

제7 기갑연대 출신 가운데 20여 명이 노근리 지역에서 피난민들을 사살한 사실을 증언했다. 이 사람들 가운데 12명은 세세한 부분까지 증언했다.

맞아요, 세상에! 기억이 납니다.

많은 증언자들이 노근리 쌍굴 사진을 보고 사건을 인정했다.

피해자나 사망자 수에 대해서는 100명쯤이라고 말하는 사람도 있었고, 생존자들 말처럼 수백 명이라고 말하는 사람도 있었다.

드디어 노근리사건의 실상이 AP를 통해 전 세계에 알려졌다.

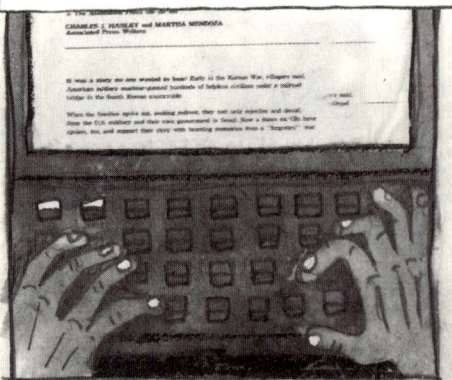

AP 기사가 나간 다음 날

〈뉴욕 타임스〉나 〈워싱턴 포스트〉 같은 영향력 있는 신문이 1면 기사로 받고,

철저한 진상규명을 촉구하는 사설까지 썼다.

그리고 CNN, ABC, NBC 같은 미국의 유력 방송사가 앞다투어 크게 다루었다.

노근리사건에 내재되어 있던 폭발성이 세계적인 통신사 AP 기사의 위력에 의해 유감없이 드러나고 있었다.

"한국 전쟁 당시 노근리 지역에서……"

생존 피해자들은 사건이 세상에 알려지자 마치 모든 게 다 해결된 듯 어린애처럼 기뻐하며 감정이 복받쳐 눈물을 흘리기도 했다.

국내 신문들에는 AP 기사 전문이 실려 있지 않아, 나는 인터넷에서 기사를 찾아보았다. AP 기사는 정말 땀의 결정체였다.

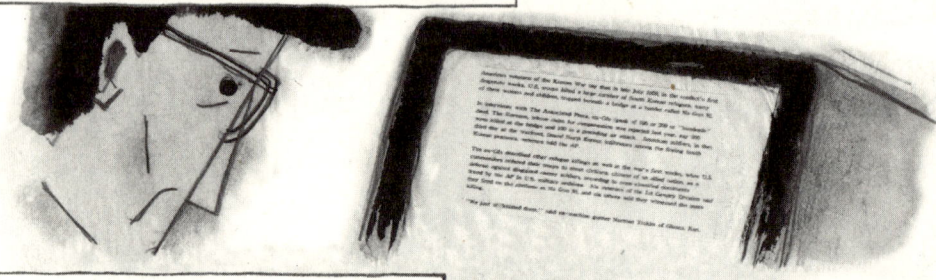

기사에는 호바트 게이 사단장이 이끄는 미 제1 기갑사단이 1950년 7월 26일부터 29일까지 3일 동안 공중폭격에 이어 지상군이 기관총을 사격함으로써 노근리에서 잔혹하게 민간인 학살을 저질렀다고 실려 있었다.

전선을 넘어오는 피난민들에게 발포하라!

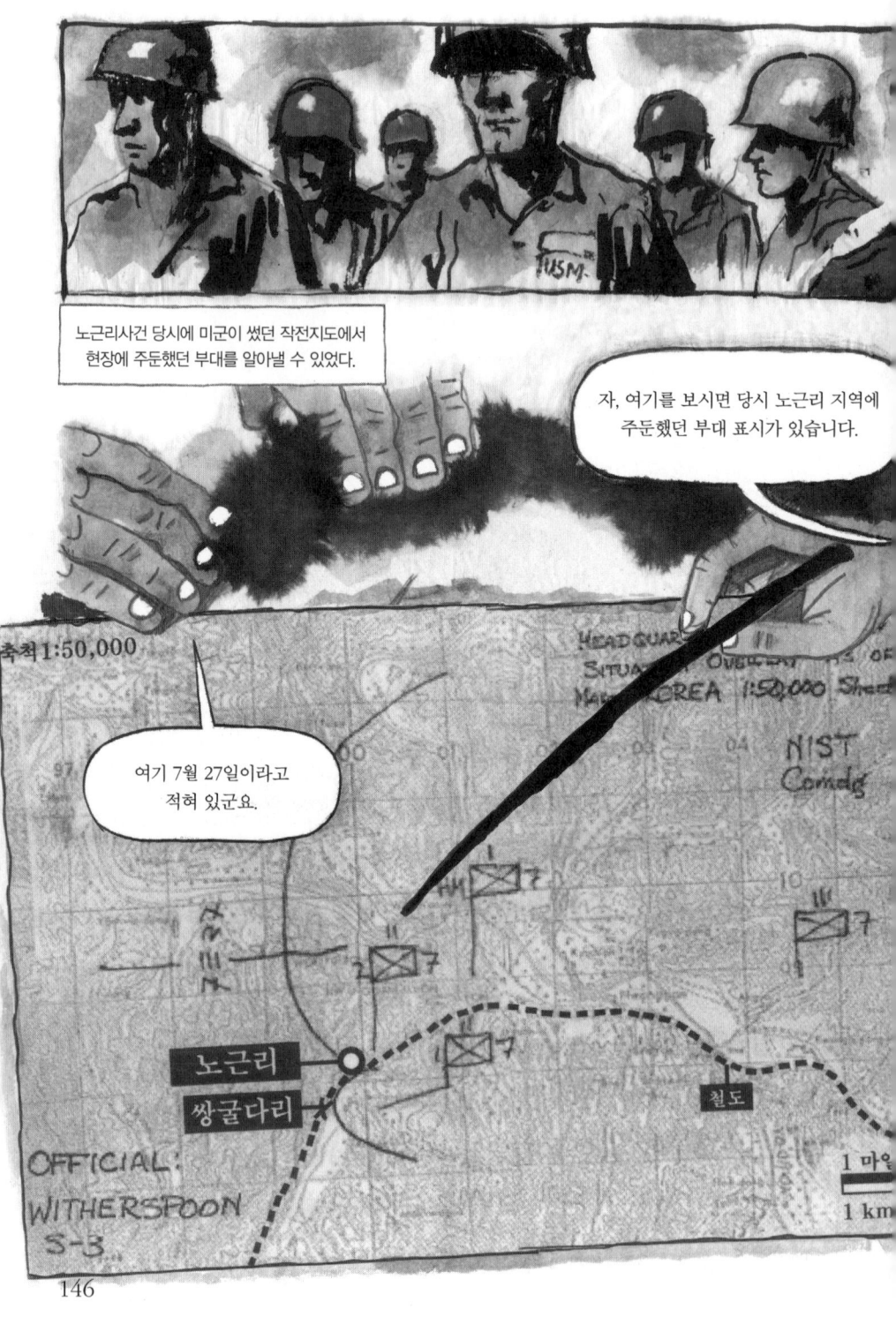

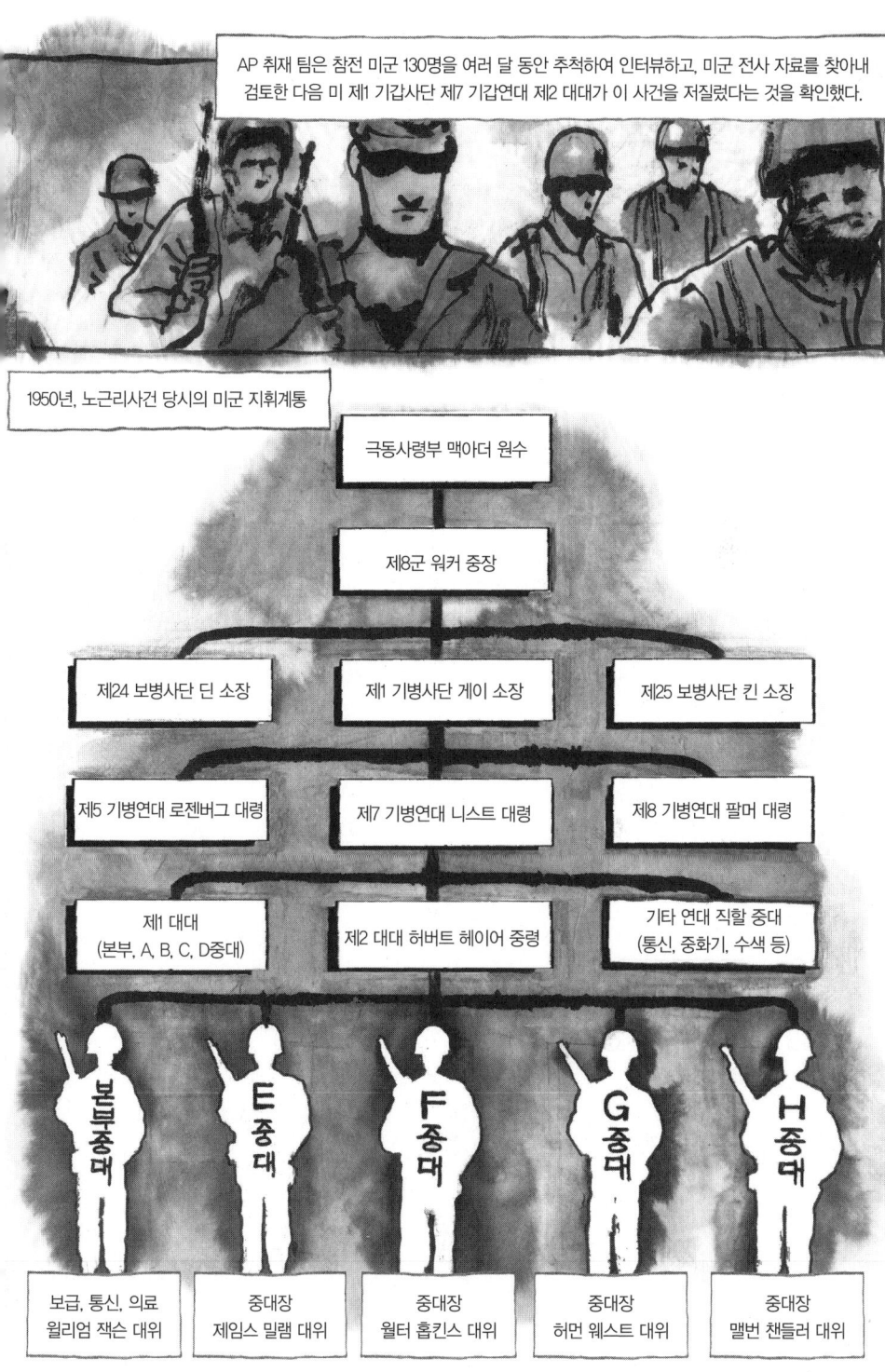

로렌스 레빈 병장 대대 지휘본부 통신담당

모두들 우리가 한 일에 대해서 역겨워하며 참호 속에 웅크리고 있었어요.

제2 대대장 허버트 헤이어 중령은 피난민들에 대한 사격 명령을 하달받고 무척 괴로워했어요. 그이는 마음이 괴로운 듯 머리를 흔들며 언덕에 기대어 앉아 있었어요.

제임스 크롬 통신병

박격포도 들판에 있던 피난민 한 무리에게 포를 쏘았다고 합니다.

미국 정부 관계자들의 이런 반응은 과거에 보여 준 미국 정부의 행태로 봤을 때, 어느 정도 짐작한 바였다.

이렇게 부정적 입장을 보이던 미국 정부의 태도를 바꿀 수 있는 것은 모두 여론의 힘이었다.

미국 언론은 점점 달아오르고 있었다.

〈워싱턴 포스트〉 같은 미국 내 주요 15개 신문사가 노근리사건을 1면 머리기사로 실었다.

미국 NBC방송과 〈워싱턴 포스트〉, 영국 로이터 통신, 〈성조〉지는 취재 팀을 한국에 보내기로 하였고, CNN, ABC, 〈타임〉, 〈뉴스위크〉 들도 노근리 피해자대책위원과 피해 생존자들을 대상으로 취재에 나섰다.

한국에서도 모든 언론사가 크게 다루었다. 나는 사건을 알리려고 내외신 기관을 상대로 지난 5년 반 동안 고생깨나 한 터라 누구보다 보람과 기쁨을 느꼈다.

이홍구 주미 대사는 스탠리 로스 미국 국무부 동아시아 태평양 담당 차관보에게 전화를 걸어 노근리사건을 조사할 한미 합동조사반을 꾸리자고 제의했다.

조성태 국방장관도 틸럴리 한미 연합사령관을 불러 한미 합동조사를 제안했다.

한미 정부는 숨 가쁘게 돌아가고 있었다.

피난민에게 발포하라는 명령을 내린 최고 지휘관은 누구인가?

미군 지휘계통에서 어느 선까지 진상이 보고되었는가?

미국 육군 제1 기갑사단이나 제7 기갑연대의 지휘부는 무관한가?

미 8군 사령관 워커 중장이나 일본에서 한국 전쟁을 총괄한 맥아더 장군이 그런 명령을 내렸는가?
-AP 보도 '한국판 킬링 필드의 풀리지 않은 의문'에서-

'이 사건의 전면 재조사에 나선 미국 국방부에는 두 가지 의무가 있다. 첫 번째 의무는 당연히 철저한 진상 파악으로 실제 어떠한 일들이 있었는지 밝히는 것이며 두 번째는 한국인 생존자들의 거듭된 탄원과 보상 요구에도 한미 양국 정부가 이 사건의 진상규명에 진지한 노력을 기울이지 않은 진짜 이유가 무엇인가를 밝혀내는 것이다.'
-〈뉴욕타임스〉 사설, '잔악 행위 주장'에서-

미국 한 언론은 노근리사건 보도는 판도라의 상자가 열린 것이나 다름없다고 보도했다. 2005년 12월부터 5년 동안 운영되었던 진실화해위원회에 진상조사를 요청한 한국 전쟁 당시 미군에 의한 민간인 살상사건이 120여 건이나 되었다. 한국 전쟁뿐이겠는가 베트남 전쟁, 이라크 전쟁, 아프가니스탄 전쟁에서는 어땠을까?

날마다 노근리사건과 비슷한 사건이 터져 나와 국내외에서 비난 여론이 크게 일자, 미국 정부는 매우 당혹스럽고 곤란한 처지에 놓였다.

'한미 양국 정부가 합동조사를 하자'는 한국 정부의 제의에도 불구하고 미국 정부 내 협의는 좀처럼 끝나지 않았다. 간간이 들려오는 미국 정부의 입장은 한국에서 제안한 합동조사와는 큰 차이가 있는 것 같았다.

한편 대책위에는 노근리사건 피해자뿐만 아니라 전국의 비슷한 사건 피해자들 문의가 빗발쳤다.

쉴 새 없이 걸려 오는 전화에 대책위 임원들은 정신을 못 차릴 정도였다.

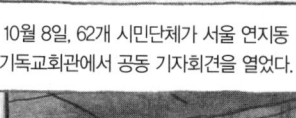

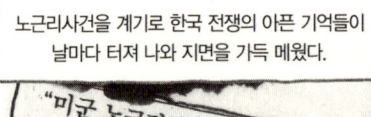

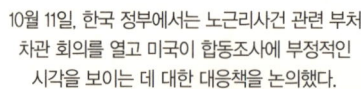

5
슬픈 해후

나는 KNCC 측과 협의하여 미국 방문 기간을 1999년 11월 8일부터 19일까지 10박 11일로 결정했다.

클리블랜드에서 참전 미군과의 만남, 워싱턴에서 미국 국방부를 방문, 내셔널 프레스 클럽에서 기자회견, LA한인회 방문 차례로 일정이 잡혔다.

미국 방문단은 언론에서 크게 다룰 수 있도록 몇 가지 기준을 두어 선정했다. 그 기준에 따라 코를 다친 정구학 씨, 한쪽 눈을 잃은 양해숙 씨, 배를 크게 다친 금초자 씨가 함께 미국에 가게 되었다.

10월 28일, 미국 육군 감찰감 마이클 애커먼 중장을 단장으로 국무부, 국방부, 육군 같은 관계부처 실무자 6명이 참여한 미국 정부 조사단이 한국을 방문했다.

10월 29일, 한미 양측 조사단은 제1차 BCG회의를 열고 늦어도 2000년 6월까지 진상조사를 끝내기로 합의했다.

그 뒤 죽었는지 살았는지 알 길이 없었던 홍기가 이제 예순이 넘은 노인이 되어 어머니를 찾아온 것이다. 노근리사건이 크게 알려지고 아버지와 어머니 이름이 언론에 자주 오르내리자 수소문 끝에 찾아온 것이다. 혼자 오기가 부담스러웠던지 그이 당숙과 함께 왔다.

노근리사건 피해자들을 만나고 싶다고 NCC-USA로 편지를 보낸 에드워드 데일리는 노근리사건을 일으킨 미 제1 기갑사단 7기갑연대 제2 대대 중화기 중대에서 복무했던 사람이다.

그이와 함께 다른 참전 미군 두 사람이 한국에서 간 피해자 대표단과 미국 클리블랜드에서 만나기로 되어 있었다.

어머니도 지난 10월 초, 미국 NBC 취재 팀에게 가해 미군을 만나고 싶다고 부탁한 적이 있었다.

그러자 NBC 취재팀이 11월 1일 데일리와 함께 다시 한국에 왔고,

피해자들과 데일리는 대전에서 만나기로 약속돼 있었다.

대책위는 데일리와 만날 피해자 대표로 내 어머니를 비롯해 총 6명을 선정했다.

이 가운데 사건 당시 여덟 살이었던 정구학 씨는 코와 얼굴에 심한 총상을 입었다.

에드워드 데일리는 한국에 온 첫날, 불시에 찾아간 조선일보 김수혜 기자와의 인터뷰에서 사건을 왜곡시키는 발언을 했다. 그 때문에 아버지는 신경이 몹시 곤두서 있었다.

대전시 유성구에 있는 대덕 롯데호텔 3층 에메랄드홀

피해자 대표들이 초조하게 데일리를 기다리고 있었다.

드디어 오전 11시, 데일리가 NBC 취재 팀과 함께 방 안으로 들어왔다. 그이 역시 매우 긴장하고 있었다.

여러분이 고통 속에서 살아왔을 걸 생각하니 가슴이 아픕니다.

데일리는 곱슬머리 금발에다 제법 큰 키에, 60대 후반의 노인이었다. 깊이 패인 주름살에는 오랫동안 마음에 쌓인 고통과 번민이 담겨 있는 듯했다. 실로 49년 만에 이루어진 극적인 만남이었다.

데일리가 말없이 일어나 전춘자 씨를 껴안은 뒤 차례로 피해자들을 안았다. 피해자와 가해자 사이의 용서와 화해의 포옹이었다.

피해자와 데일리가 점심을 함께 먹고, 오후에도 좋은 분위기 속에서 대화를 이어 나갔다.

그러나 사건 당시 상황 가운데 일부는 데일리와 피해자들 주장이 엇갈렸다. 데일리는 피해자와 대화하며 〈조선일보〉 기자와 인터뷰 때처럼 문제의 발언을 되풀이했다.

…….

사건 당시 피난민을 게릴라로 간주하라는 명령을 받고 있었는데, 피난민들이 모인 쌍굴 다리에서 총알 서너 발이 날아와 대응사격을 했습니다. 내 눈으로 섬광도 봤습니다.

…….

당시 쌍굴다리에는 양민만 있었습니다. 그 주장은 틀렸어요.

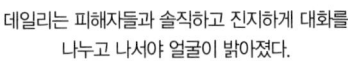

미국 방문 날짜가 다가오고 있었다.

11월 8일, 피해자 방미 대표단은 출발하기 전에 서울 한국기독교회관 강당에서 기자회견을 열고 미국으로 가는 비행기에 올랐다.

피해자들 대부분이 미국 방문이 처음인 데다 참전 미군과의 만남, 미국 국방부 방문 같은 일정들이 있었기 때문에 모두 긴장하고 있었다.

비행기 안은 미국으로 입양을 가는 아이들 울음소리로 가득했다.

한국 전쟁 때부터 거리에 버려진 고아들을 입양 보내기 시작했다. 그런데 50년이 지난 지금, OECD에 가입하고 선진국이 되어 가고 있다는 한국이 여전히 아이들을 수출하고 있었다.

답답한 일이었다.

6
제7 기갑연대

비행기가 시카고에 가까워지고 있었다.

구우웅

하늘에서 내려다보니, 시카고는 넓은 지역을 밝은 불빛으로 멋지게 수놓은 야경을 뽐내고 있었다.

'오래된 돌'이라는 이름처럼 올드 스톤 교회는 석조로 고풍스럽게 지은 오래된 교회였다.

다시 만난 데일리는 스스럼없이 우리를 맞아 주었다.

그 모습이 또다시 희망을 품게 만들었다.

기자회견장

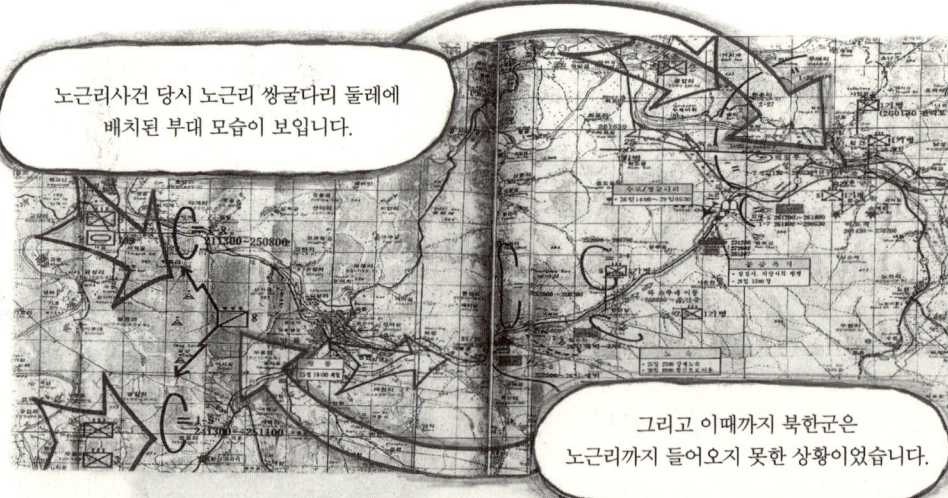

그 보도를 보고 나자, 기대와 설렘 속에 시작한 미국 여정이 무척 고단할 것으로 여겨졌다.

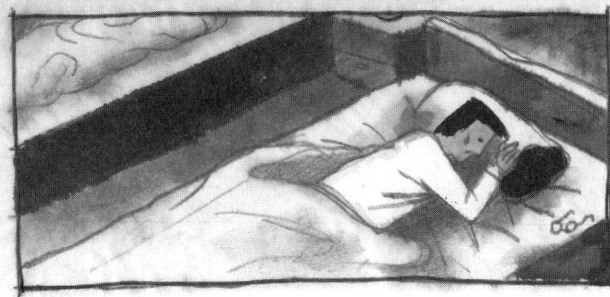

11월 11일 워싱턴

방미 피해자 대표단은 워싱턴에 도착했다.

양해숙 씨와 금초자 씨는 현지 한인방송에서 피해자 증언을 하기 위해 방송국으로 갔다.

아버지와 나는 한국 전쟁 참전 기념탑을 방문하기로 했다.

마침 그날은 한국의 현충일과 같은
베터랑스 데이라 방문객이 많았다.

7
철옹성을 열다

철옹성 같은 펜타곤 건물은 세계에서 총면적이 가장 넓은 4층 높이 건물이었다. 커다란 성채처럼 단단해 보였고, 일하는 사람도 2만4천 명이나 된다고 한다. 반세기 동안 수차례 진정서를 보내도 꿈쩍도 않던 미국 국방부가 이제야 문을 연 것이다.

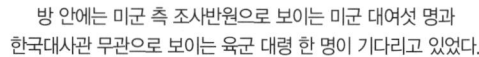

노근리 학살사건은 한국 전쟁 초기 미국 지도자들의 한반도에 대한 정보 부족과 미군 수뇌부의 전세 오판, 병사들의 훈련 부족, 인종 편견 따위가 복합적으로 작용한 결과로 보인다.
―〈LA타임스〉―

중대장 맬번 챈들러 대위가 노근리사건 현장에서 모두 없애 버리라며 중대원들한테 사격 명령을 내렸어요.

제7 기갑연대 출신 미군

"전선을 통과하려는 피난민들의 어떤 움직임도 허용하지 말라!"
―1950년 7월 26일 미 8군 사령관 메시지―

Stop!

미 제25 사단장 킨 장군이 전투 지역에 있는 민간인들을 사살하라는 명령을 내렸다.

전투 지역 내의 민간인들을 적으로 간주, 그 사람들의 이동을 막기 위해 철저한 조치를 취하라.

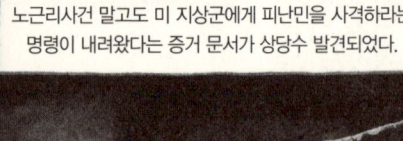

킨 제25 사단장

"모든 피난민들을 향해 사격하라!"
-1950년 8월 29일, 제1 기갑사단장 호바트 게이 장군의 포병사령부 전문 일지-

노근리사건 말고도 미 지상군에게 피난민을 사격하라는 명령이 내려왔다는 증거 문서가 상당수 발견되었다.

이 문서는 피난민 무차별 사살이 적어도 한국 전쟁 초기에 미 8군 사령부의 기본 정책이었다는 사실을 말해 준다.

"피난민들은 사냥감."
-1950년 8월 29일, 제1 기갑사단장 호바트 게이 장군 전화 통화문-

이 문서는 미군들이 노근리 피난민들뿐만 아니라 한국인들에 대한 인종차별적인 시각을 가지고 작전을 수행했음을 보여 주는 뚜렷한 증거였다.

fair game

이 주장을 뒷받침해 주는 인종차별적 속어인 국(gook)이란 단어가 있다.

미국 속어 사전에는 이 말이 통상 갈색 인종이나 비기독교 동양인을 낮추어 부르는 말로 풀이되어 있다. 특히 베트남 전쟁 때 미군이 베트남인을 통칭하는 많이 써서 널리 퍼진 말이지만, 그 어원은 한국이라고 한다. 한국 전쟁에 참전한 미군 병사들이 한국에서 '국'을 따와 한국인을 비하할 때 쓰던 말이 굳어진 것이다.

251

한국 전쟁 당시 미군들이 한국인을 어떻게 생각했는지 잘 보여 주는 대목이다.

미군이 노근리사건을 단순하게 전쟁 초기에 수세에 몰린 상황에서 불가피하게 발생한 사건이라고 규정 지으면 사건의 진상을 축소, 왜곡하는 오류를 저지르는 것이다.

미군 고위층부터 중대장에 이르기까지 미군들 심리 깊숙이 자리 잡고 있던 인종 편견에 대한 집단 무의식이 가장 큰 원인이었던 것이다.

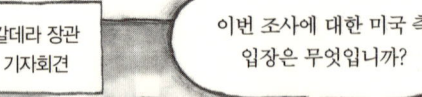

작은 농촌인 영동읍이 생겨난 이래로 가장 많은 헬기가 내려앉았다.

1월 10일 오후 1시, 칼데라 장관이 이끄는 미국 측 노근리 대책단 자문위원들과 진상조사반 29명이 헬기 여러 대에 나누어 타고 영동 공설운동장에 도착했다.

조사단은 헬기에서 내리자마자 곧바로 쌍굴다리로 갔다.

이곳에서 우리들은 3박 4일 동안 살기 위해 몸부림쳤습니다.

두 나라에서 가지고 있는 노근리사건 관련 자료, 피해자와 참전 미군 인터뷰 결과를 공유하고 사안별로 공동 인터뷰도 실시하고,

가능한 6월까지 조사를 마무리한다는 원칙 아래 중간 평가를 위해 2월과 3월에 우리 측 진상조사반과 노근리 민간자문위원단이 따로 미국을 방문하기로 했다.

그럼 다시 만납시다.

칼데라 장관이 보여 준 태도와 발언을 종합해 보면 앞으로 미국이 조사 과정을 교묘하게 왜곡하고 축소해 미국의 체면과 국익을 지키는 데 주력할 것이다. 또 새로운 싸움을 시작해야 할 때이다.

2월 22일, 노근리사건 한국 측 조사반장을 맡고 있는 김종환 국방부 정책보좌관을 비롯한 6명이 미국으로 갔다.

2월 23일, 워싱턴에서 한미 공동체협의회 회의에 참석하고, 24일에는 미국 국립문서기록관리청을 방문해 진상조사와 관련된 문헌과 기록을 확인하고 현장에서 자료를 직접 받아 왔다.

이번 미국 방문에서 한미 양측 조사반이 서로 조사한 내용과 정보를 교류하고 상호 확인 조율함으로써 양측의 독단적 조사에 따른 객관성 결여 문제를 해소해, 앞으로 조사하는 데 들일 노력과 시간을 절약하게 되었습니다.

김종환 한국 국방부 진상조사 반장

음......

그러나 우리는 반신반의했다.

하! 잘되어 가고 있습니다.

미국 정부가 진상조사가 끝날 때까지 성실한 태도를 이어 갈 것인가? 또한 조사에 필요한 문서와 증언 자료를 정직하게 우리한테 제공할 것인가? 그렇지 않고서 상처와 신뢰를 회복했다고 말할 수는 없다.

더 이상 미국 정부만 믿고 앉아 있을 수는 없는 노릇이었다.

그런 가운데도 기쁜 소식이 들려왔다.

노근리사건을 보도한 AP의 최상훈, 찰스 핸리, 마사 멘도자 기자가 퓰리처상 탐사보도 부문을 받게 된 것이다.

AP 보도 팀은 그해 굵직한 언론상을 10개나 더 받는 영예를 누렸다.

노근리사건 피해자들은 AP 취재 팀 소식에 마치 우리가 상을 받은 것처럼 기뻐했다. 노근리사건의 진실이 공식적이고 객관적으로 인정받았다는 것을 의미했기 때문이다.

오늘 중요한 증거를 찾아야 해요.

4월 18일과 19일 이틀 동안, 한미 양국 진상조사반은 노근리사건 현장에서 합동 기술조사를 실시했다.

피해 생존자들 증언을 바탕으로 쌍굴 벽면에 난 탄흔을 조사했고, 총을 쏜 그 사각을 역추적해 당시 미군들이 어느 지점에 기관총을 설치했는지 찾아내고, 사격 고도나 거리를 측정했다.

저쪽 언덕에서 총알이 날아왔어요.

그렇게 추적해 간 그곳 땅속에서 탄피 들과 여러 유기물을 찾아냈다.

젠장! 시멘트를 발라 버리다니! 건질 게 없잖아.

어, 소대장님!

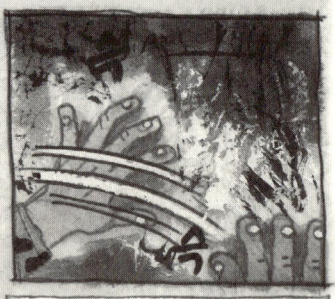

그런데 쌍굴 뒤쪽 입구의 콘크리트 벽면을 덮고 있던 이끼를 제거하자 거기서 엄청나게 많은 탄흔이 나타났다.

이것 좀 보십시오.

아니!

아버지가 도착하고 나서 겨우 작업을 중단시킬 수 있었다.

진실과 인권보다 자기 나라 체면과 이익을 우선시하는
미국 보수 언론과 보수 세력이 연합해 반격을 시도하는 것이다.

조사에 들어간 지 7개월 만에
일이 터진 것이다.

에드워드 데일리, 델로스 플린트, 유진 헤슬먼은 노근리사건 현장에 없었다. 사건 당시 미군의 작전 기록에는 문제의 제7 기갑연대 2대대가 쫓기는 상태에서 16~17시간 정도 노근리에 머문 것으로 나타나지만, 사흘 동안 상관의 명령 하에 조직적인 사건이 있었다는 AP 보도는 사실과 다르다. -〈US뉴스 & 월드 리포트〉, 5월 12일자-

미국 국방부 조사단은 당초 6월 25일로 잡았던 진상조사 시한을 연장합니다. 미국 국방부 조사단이 참전 미군 100여 명에 대한 면담 조사 결과 노근리에서 비극적인 일이 발생했다는 확신을 갖게 되었으나, 참전 미군과 한국인 생존자들의 진술이 엇갈려 연말까지는 조사가 이어질 것입니다.

케네스 베이컨 미국 국방부 대변인

〈US뉴스 & 월드 리포트〉와 〈더 스타스〉가 AP 보도를 비판하고 나서자 AP 보도에 대한 논란이 미국 주요 언론에까지 퍼져 나갔다.

노근리 현장에서 기관총을 직접 쏘았다고 AP에 증언한 참전 미군 병사 에드워드 데일리의 증언에 대해 미국의 군 역사가와 국방부 조사관들이 의문을 제기하고 있다. 그리고 미국 웨스트포인트 역사 교관 로버트 배트먼 소령과 익명의 국방부 장교들이 데일리의 신뢰성에 문제가 있다는 주장을 펴고 있다. -〈워싱턴 포스트〉-

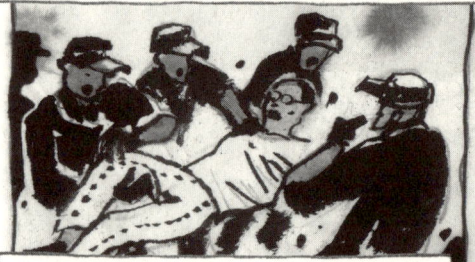

〈US뉴스 & 월드 리포트〉와 〈더 스타스〉가 AP 보도를 비판하고 나서자 AP 보도에 대한 논란이 미국 주요 언론에까지 퍼져 나갔다.

5월 9일, 한국 대학생 세 명이 노근리사건에 대한 미국의 사과를 촉구하며 주한 미국대사관 진입을 시도한 데 이어,

5월 15일, 대학생 90여 명이 또다시 미군 철수를 외치며 미국대사관 진입을 시도했다.

5월 12일, 노근리사건의 정확한 진상조사를 촉구하며 서울대생 7,500명의 서명을 받아 주한 미국대사관에 전달하였다.

5월 16일, 시민단체 회의 100여 명이 미국대사관 앞에서 불평등한 SOFA 개정을 촉구하는 집회를 열었다.

"미군 지휘관들이 전선을 넘어서는 피난민들에 대한 사격 명령을 예하부대에 내린 뒤 노근리사건이 발생했음은 의심할 여지가 없다. AP 기자들은 퓰리처상을 탈 자격이 있다."

퓰리처상위원회는 증인의 신빙성 여부로 시비가 일자, AP의 보도를 재검토했고, 올해의 수상작으로 최종 결론을 내렸다.

5월 21일, 마이클 돕스 〈워싱턴 포스트〉 기자

노근리 피해자대책위는 미국의 일부 언론이 사건을 왜곡 보도한 사태에 대응하기 위해 클린턴 대통령에게 정직한 조사와 해결을 요청하는 탄원서를 보내기로 했다. 그리고 노근리 피해자대책위 위원들이 보스워스 주한 미국 대사를 면담하고, 미국대사관 인근에서 미국 정부를 규탄하는 집회를 열기로 했다.

한미 양국이 진상조사에 들어간 지 7개월 만에 여는 장외 집회였다.

수많은 미국 청년들의 죽음은 UN군의 이름으로 칭송하면서 전쟁 초기 혼란한 틈에 일어난 확인되지도 않은 사실을 가지고 왜 미국의 잘못을 따지는 것인가?

미국 보수 진영

미국이 한국 전쟁 때, 대한민국을 위난에서 구해 주었고, 미국의 많은 젊은이들이 이 땅의 자유를 위해 희생되었습니다. 그러니 노근리사건도 덮어 두고 넘어갑시다.

지 씨, 군사평론가 〈국방일보〉 기고문

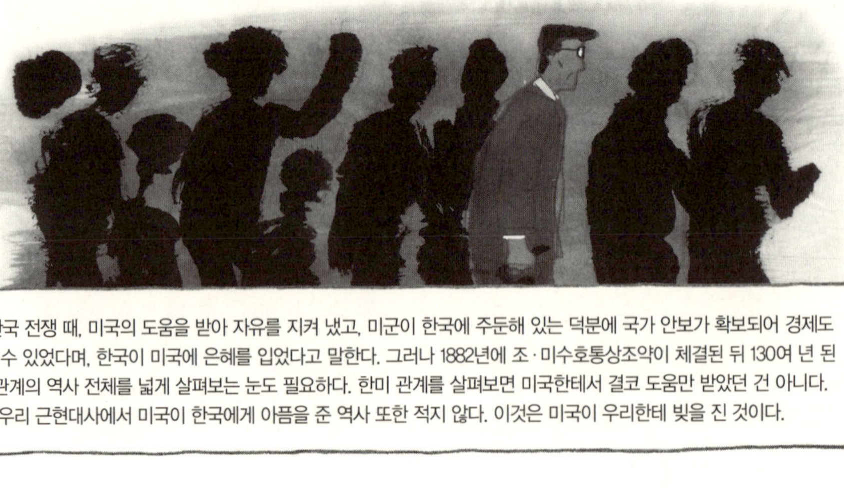

흔히 한국 전쟁 때, 미국의 도움을 받아 자유를 지켜 냈고, 미군이 한국에 주둔해 있는 덕분에 국가 안보가 확보되어 경제도 발전할 수 있었다며, 한국이 미국에 은혜를 입었다고 말한다. 그러나 1882년에 조·미수호통상조약이 체결된 뒤 130여 년 된 한미 관계의 역사 전체를 넓게 살펴보는 눈도 필요하다. 한미 관계를 살펴보면 미국한테서 결코 도움만 받았던 건 아니다. 우리 근현대사에서 미국이 한국에게 아픔을 준 역사 또한 적지 않다. 이것은 미국이 우리한테 빚을 진 것이다.

사건 현장에 없었던 에드워드 데일리가 그동안 보여 준 행동에 대해 생각하니 정말 어처구니가 없었다. 하지만 중요한 것은 제7 기갑연대 장병들 사이에 노근리사건이 얼마나 입에 오르내렸으면 그이가 현장에 있었던 것처럼 생생하게 말할 수 있었겠는가 하는 점이다. 미국의 일부 신문들이 AP 보도를 문제 삼고, 미국 국방부가 노근리사건 진상조사 시한을 연말까지 연장하는 것은 예사로운 일이 아니었다.

이것은 분명 노근리사건의 진상을
축소하려는 움직임이다!

이런 상황에 어떻게 대응할까 고민을 거듭하던 나는 노근리평화연구소를 세우기로 마음먹었다.

9
은폐된 기록

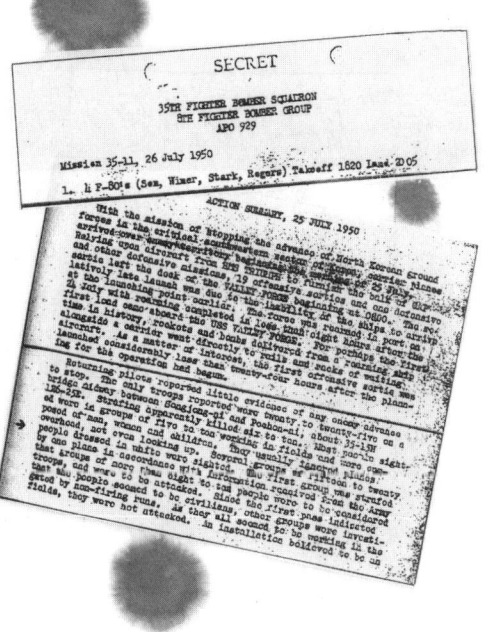

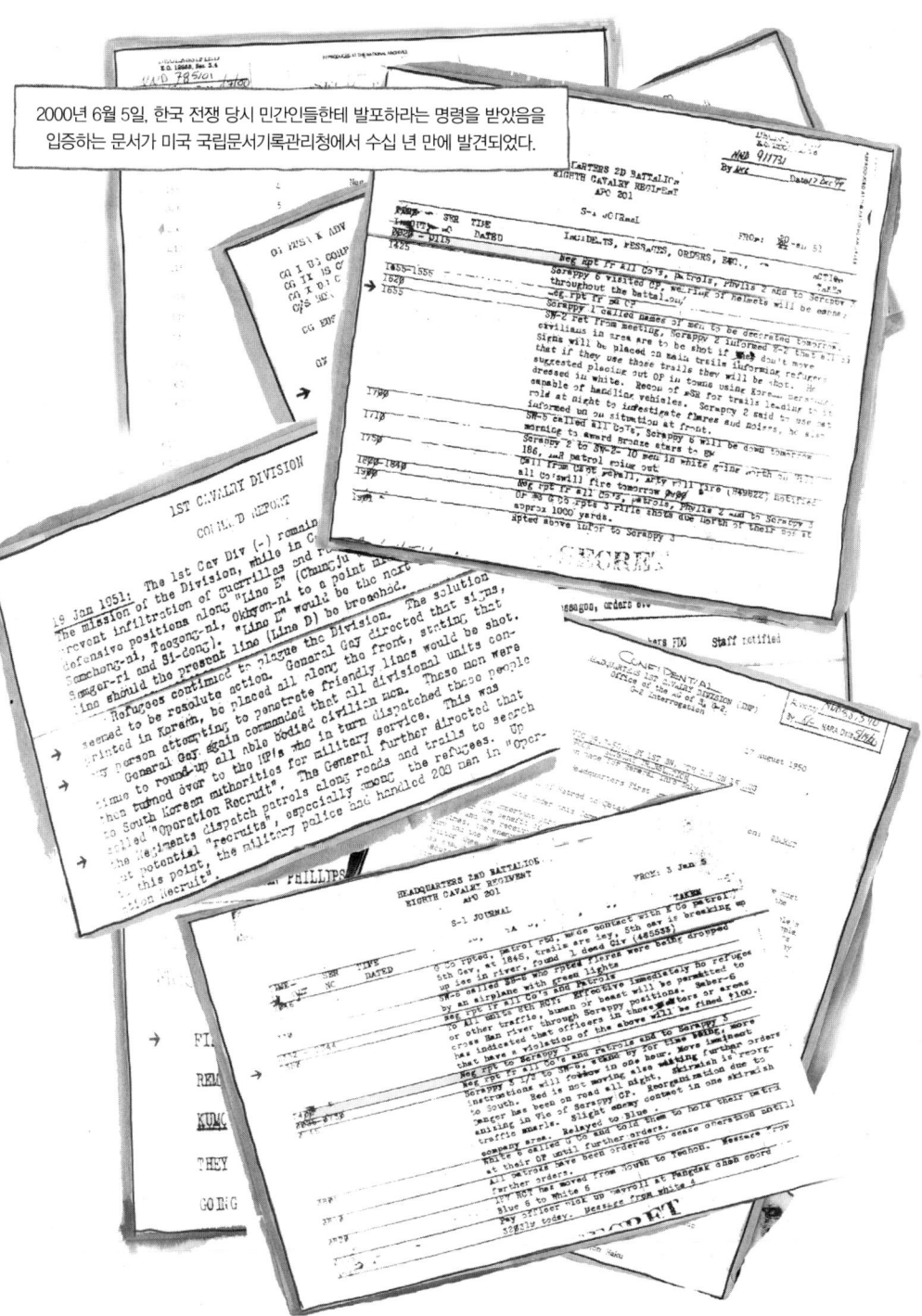

2000년 6월 5일, 한국 전쟁 당시 민간인들한테 발포하라는 명령을 받았음을 입증하는 문서가 미국 국립문서기록관리청에서 수십 년 만에 발견되었다.

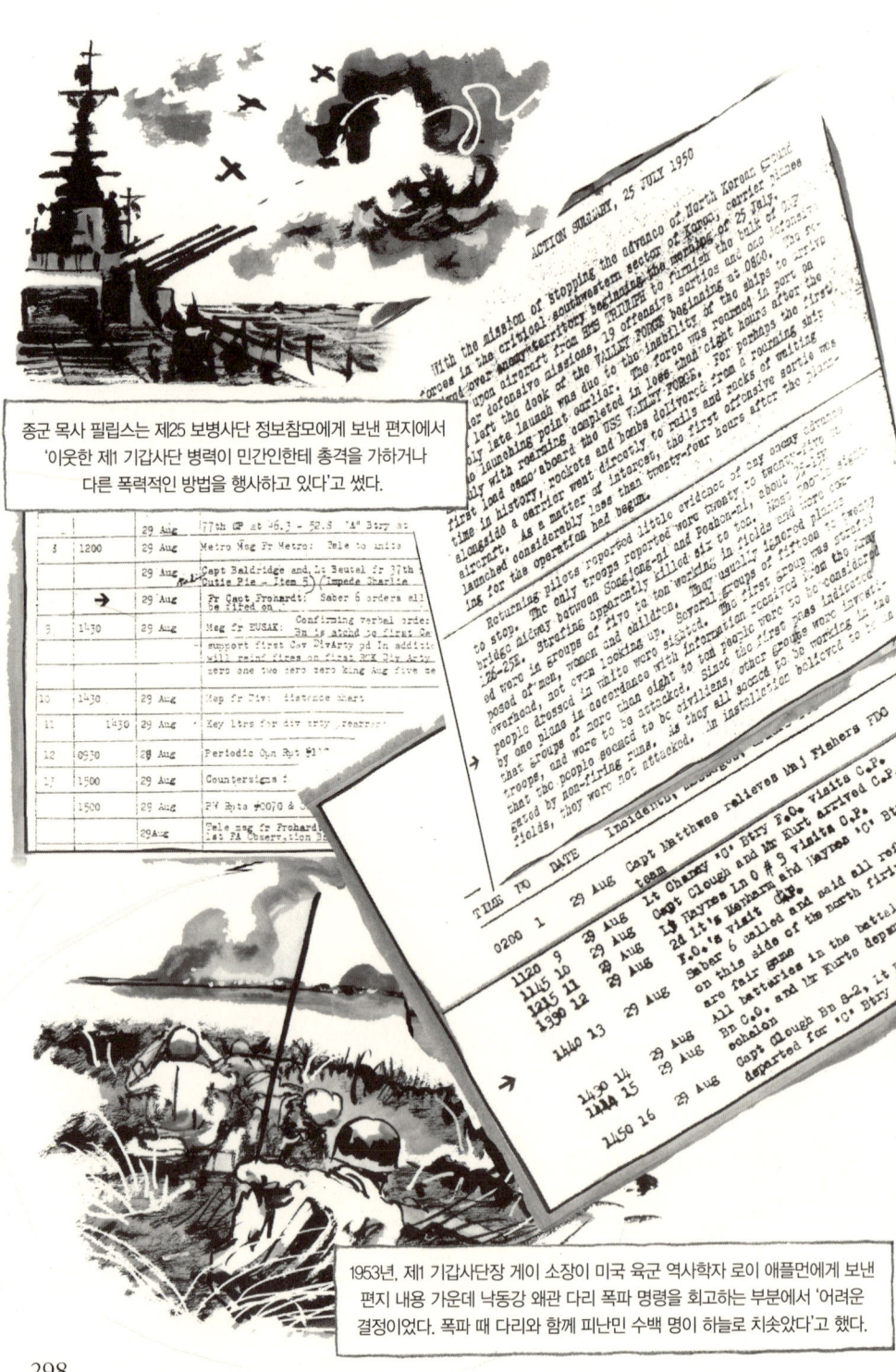

종군 목사 필립스는 제25 보병사단 정보참모에게 보낸 편지에서 '이웃한 제1 기갑사단 병력이 민간인한테 총격을 가하거나 다른 폭력적인 방법을 행사하고 있다'고 썼다.

1953년, 제1 기갑사단장 게이 소장이 미국 육군 역사학자 로이 애플먼에게 보낸 편지 내용 가운데 낙동강 왜관 다리 폭파 명령을 회고하는 부분에서 '어려운 결정이었다. 폭파 때 다리와 함께 피난민 수백 명이 하늘로 치솟았다'고 했다.

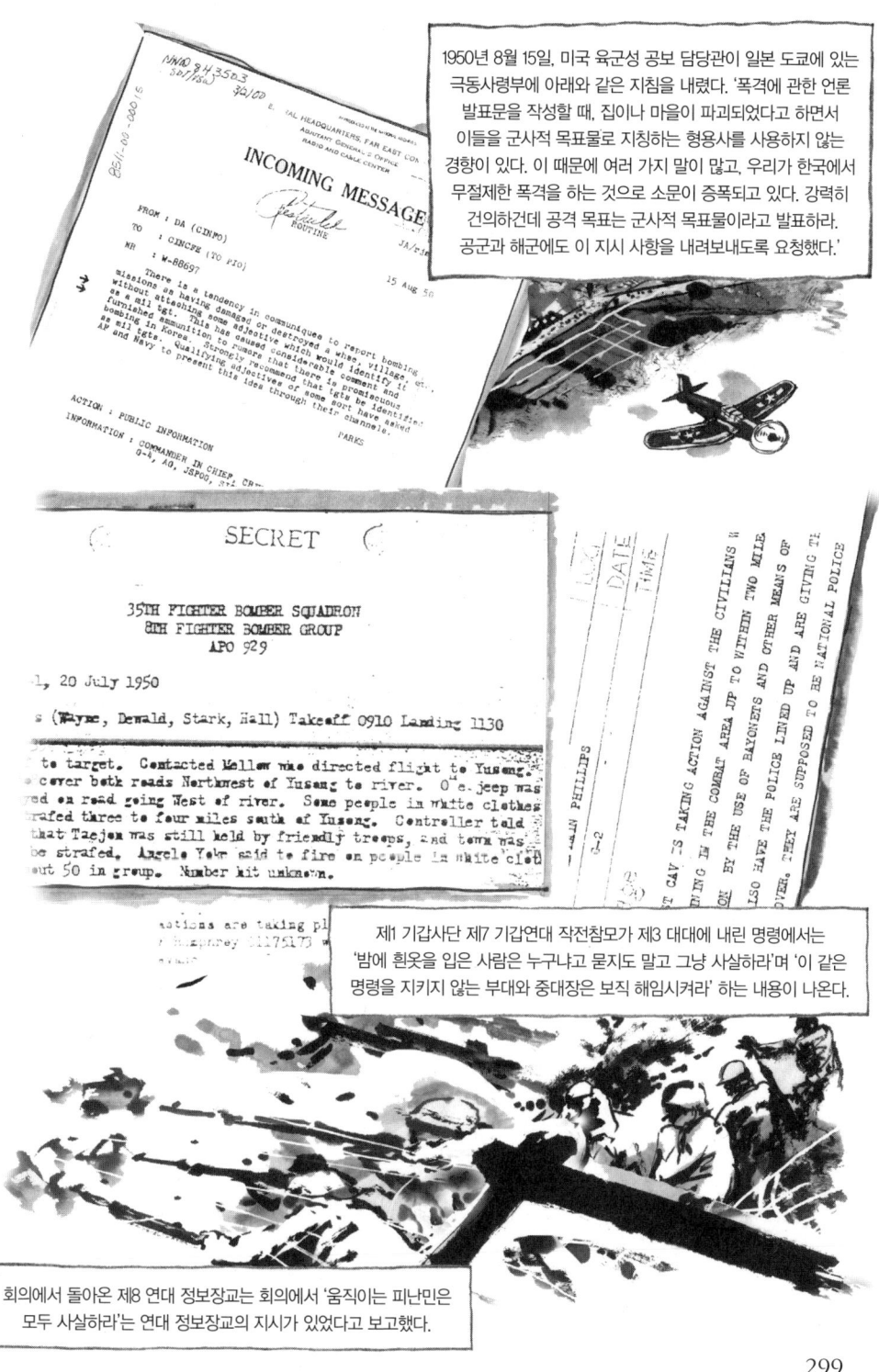

우리는 당시 대구에 주둔한 미 제5 공군 작전참모부장 터너 로저스 대령이 팀버레이크 준장에게 보낸 메모도 찾아냈다.

'육군은 아군 진지로 다가오는 모든 민간인 대열에 기총 소사할 것을 요청했으며, 지금까지 우리는 이 요구에 따랐다.'
-터너 로저스 공군 대령의 메모-

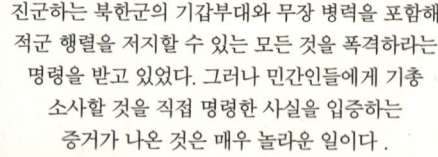

진군하는 북한군의 기갑부대와 무장 병력을 포함해 적군 행렬을 저지할 수 있는 모든 것을 폭격하라는 명령을 받고 있었다. 그러나 민간인들에게 기총 소사할 것을 직접 명령한 사실을 입증하는 증거가 나온 것은 매우 놀라운 일이다.

톰 이블러드 공군 역사학자, CBS와의 인터뷰 가운데

로저스의 메모는 노근리사건 발생 하루 전날인 1950년 7월 25일에 작성돼 한국 전쟁 초기에 미군이 민간인들을 공중공격으로 무차별 사살하는 정책을 펼쳤다는 것을 여실히 보여 주고 있다.

이 사실은 또 피해자대책위가 지금까지 주장해 왔던 대로 미군기에 의한 공중공격이 계획적으로 이루어졌다는 사실을 입증하는 것이었다.

어제 한국 국방부 진상조사반을 취재하면서 알게 된 사실인데, 그 터너 로저스의 메모가 한국 조사반에는 전달이 안 되었다고 하더군요.

……

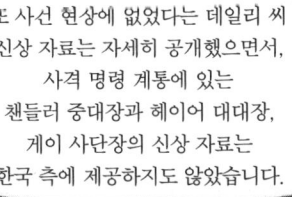

또 사건 현상에 없었다는 데일리 씨 신상 자료는 자세히 공개했으면서, 사격 명령 계통에 있는 챈들러 중대장과 헤이어 대대장, 게이 사단장의 신상 자료는 한국 측에 제공하지도 않았습니다.

그리고 중요한 건, 미 제1 기갑사단은 기록을 위해 사건 현장을 사진 촬영하고 동영상 카메라에도 담았다는데, 그 기록 일부가 미국 국립 문서기록관리청에 있답니다.

분명 그런 자료들도 한국 측에 제공되지 않았겠지요?

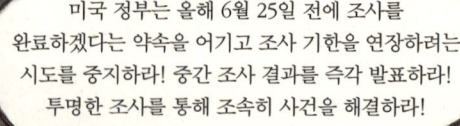

7월 7일, 노근리 지역 국회의원인 심규철 의원이 노근리사건 대책위의 요청을 받아들여, 여야 의원 36명한테 서명을 받아 국방위원회에서 '노근리사건 조속 해결을 위한 미국 촉구 결의안'을 발의했다. 노근리 문제가 이제 국회 차원에서 본격으로 다루어지기 시작한 것이다.

7월 18일, 국방부 진상조사반이 구체적인 물증을 찾기 위해 군과 민간 전문 인력을 동원해 노근리사건 현장에 대한 정밀 기술 조사 작업에 들어갔다. 총기 탄약 분석 요원을 비롯한 총 12명이 투입되었고, 여러 특수 장비가 동원되었다.

현장 콘크리트 구조물에 박혀 있는 탄알 49개 가운데 20개를 빼내 성분을 분석했다.

전에 미국이 단독으로 분석하려고 했을 때, 노근리대책위가 강력하게 반대했었다. 그 뒤에도 미국 국방부는 대책위의 요구를 받아들이지 않고, 3개월이나 조사를 지연시켰다. 끝내는 미국이 단독 탄환 적출을 포기했고, 이번에 한국 국방부 조사반이 단독 조사에 들어간 것이다.

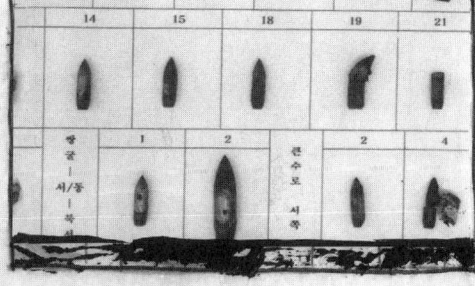

문헌 자료와 증언 조사는 끝났고 현장조사도 막바지에 와 있었다.

> 사람들은 떠난 사람들이 편안하게 가지 못해,
> 한이 풀리기 전까지 그 넋이 노근리 둘레를 맴돌 것이라고 했어요.

그 문건은 1994년 7월 13일자, 국방군사연구소 전사부에서 노근리사건을 검토, 보고한 17쪽 짜리 보고서였다.

음…….

1994년 4월, 아버지가 쓴 소설이 나오고 〈시사저널〉 오민수 기자가 노근리사건을 보도하자, 국방부 국방군사연구소에 지시해 비공개로 조사한 자료였다.

'본 사건이 미군 작전 지역에서 발생했고 또 피해자들이 미국에 손해배상을 탄원하고 있으므로 제1, 2 단계 조사 활동은 현 단계에서 마무리하고, 피해 주민 대표들이 미국대사관에 제출한 진상조사 및 손해배상 청원과 본 연구소의 자료 협조 요청에 대한 미군 측의 반응을 지켜보는 것이 좋겠음.'

'제1 단계 조사'는 국방군사연구소가 가지고 있는 미미한 자료를 검토하는 것이고,

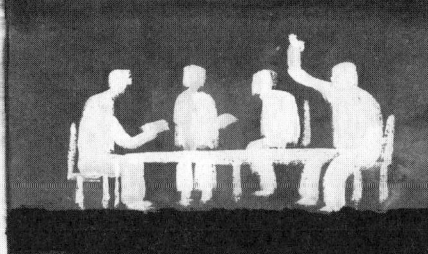

'제2 단계'는 사건 현장조사와 노근리 주민들의 증언을 통한 조사를 말한다.

'본 연구소의 자료 협조 요청'이란, 당시 군사연구소장이 미 8군 사령부에 전사 자료를 제공해 줄 것을 부탁하는 공문을 보낸 것을 뜻한다.

이 말은 미 8군 측에서 자료 요청에 대해 반응이 없으면 국방부에서도 진상조사를 하지 않고 덮겠다는 뜻이었다.

허! 어이가 없군.

"근데, 이건……."

그런데 이보다 더 강렬하게 시선을 끄는 문건이 있었다. '노근리사건 조사 결과'란 제목의 내부 문건이었다.

한미 양국 조사단이 조사를 시작한 지 몇 달이나 흘렀지만, 어디서도 결과를 내놓지 않아 피해자대책위는 조사가 제대로 진행되는지조차 알 수 없는 상황이었다. 그런데 이 문서는 국방부 조사단이 국방부 장관에게 중간보고를 위해 작성한 것이어서 조사 진행 상황을 알 수 있었다.

**노근리사건
조사 결과**

또한 국방부가 노근리사건을 어떻게 바라보는지도 담겨 있었다.

과잉 대응, 고의적 양민 학살이라는 피해자의 주장에 대한 '의문 조사 결과 항목'에서는,

'당시 북한군이 영동 점령 후 황간 방면으로 공격하고 있었고, 미 제1 기갑사단은 철수하다가 긴박한 교전 상황에 처했다.'

또 미 제1 기갑사단 전투일지를 바탕으로 교전 상황을 분석해서,

라고 써 놓았다. 이어 '잠정 평가'란 항목에서,

'미 제7 기갑연대 제2 대대가 1950년 7월 26일 새벽에 패닉 현상을 초래하며 119명의 실종자가 발생했다.'

'이때 미군에 대한 게릴라의 습격 상황도 다수 발생했는데, 바로 이런 상황에서 미 지상군 작전 상황은 피난민으로 위장한 게릴라 침투 방지를 위한 전술적 대응이 불가피했을 것으로 추측.'

결론적으로,

'따라서 차후 조사 중점이 미 제7 기갑연대 제2 대대 작전 활동이라고 분석하고, 이들의 활동이 노근리사건에 끼친 영향을 판단할 필요가 있다.'

뭐? '불가피한 상황'이었다고?

또 '종합 평가' 항목에서는 미국의 조사 방향에 대해 평가하고 있었다.

즉, 미국이 지금까지 피난민을 소개하고 통제할 때, 한국 경찰의 역할과 책임을 물었으며, 항공사격 또한 의도가 있었다기보다 피난민 대열을 적으로 오인했다는 점을 강조하며,

쌍굴 둘레에 배치돼 사격을 가한 사격부대가 수시로 바뀌었다는 까닭을 들어 작전상 불가피했다는 점을 제시할 것이라고 분석했다.

피난민들을 적으로 오인했다는 추정 또한 미군이 사건이 일어나기 전에 피난민들 몸을 수색했던 만큼 잘못 알 까닭이 없다.

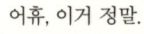

'피해자들이 피해 보상을 위해 미군의 고의성, 비인도성을 강조하고 있다'는 대목에서 나는 기가 차서 입을 다물 수가 없었다.

어휴, 이거 정말.

쌍굴에서 교전도 없는 상황에서 미군들이 우리 국민들을 도살하듯 무자비하게 죽였는데, 국방부가 이를 정확히 규명하여 한을 풀어 주고, 피해 보상을 받을 수 있도록 도와주지는 못할 망정, '보상을 받기 위해 고의적'으로 그렇게 하고 있다니…….

보상 많이 받아 내려고 저러는 거 아니야?

도대체 무엇을 조사한 것이고, 누구를 위한 조사란 말인가!

가장 분노하게 한 대목은 '향후 추진 계획'이란 제목으로 쓰여진 부분이다.

……

'지금과 같은 평화 시대의 잣대로 한국 전쟁 당시 전쟁 상황을 평가하지 말도록 하는 것이 중요하다. 한국 전쟁 때 미군의 기여도와 작전상의 고충, 북한의 게릴라 전술 및 피난민 위장 침투 사례를 심층 분석하고 북한의 전쟁 책임과 양민 피해를 집중 부각해야 한다.
……
6·25 전쟁 50주년 행사 준비를 위해 6·25전쟁 기념 사업단의 협조를 통해 한미 동맹에 대한 범정부적 홍보 계획을 세워야 한다.'

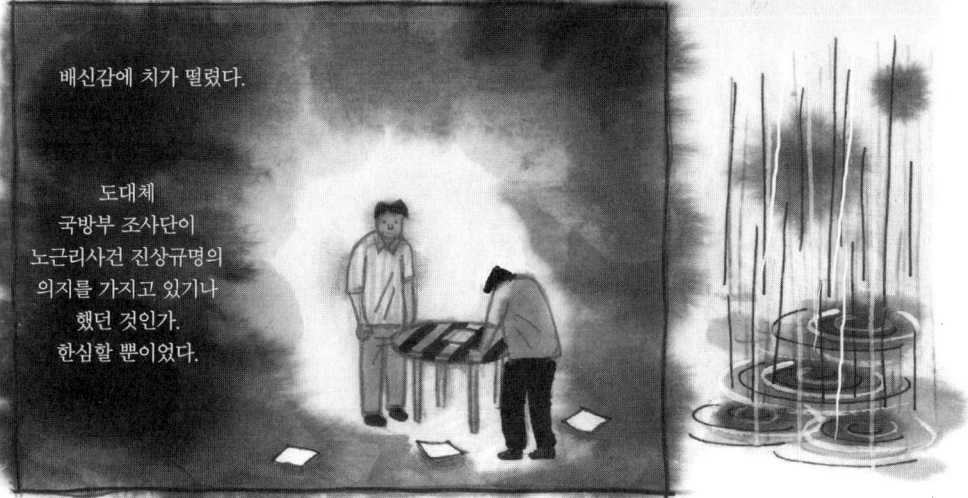

배신감에 치가 떨렸다.

도대체 국방부 조사단이 노근리사건 진상규명의 의지를 가지고 있기나 했던 것인가. 한심할 뿐이었다.

사실 그전에도 국방부는 여러 번 노근리사건에 대해 소극적인 태도를 보였다.

조사를 끝내는 건 겨울에나 가능할 거 같습니다.

조사 기한을 가을까지로 잡은 미국보다 더 뒤처진 계획이었다. 미국 처지를 지나치게 의식한 태도였다.

국방부 조사단만 그런 행태를 보인 것은 아니었다.

노근리 문제를 총괄하는 정부 부서인 노근리사건 대책단 역시 마찬가지였다.

대책단은 국방부의 조사 업무를 제대로 파악하지 못했고, 미국 정부와의 업무 협의에서도 늘 끌려다녔다.

미국 조사단과의 공동협의체 회의를 위해 미국 방문을 준비하는 국무조정실 과장 일행 들을 격려하러 갔을 때 일이다.

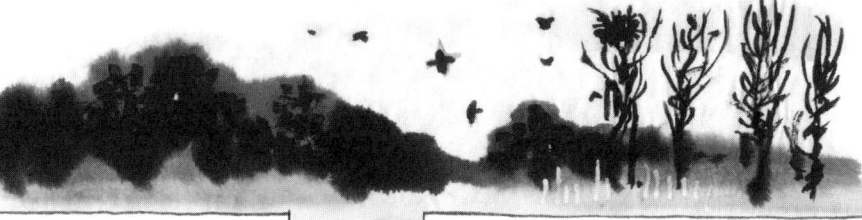

344 *집단회상 : 피해자들이 서로 이야기를 주고받으면서 자기가 경험하지 않은 것도 겪은 일처럼 말하게 된다는 심리학 용어.

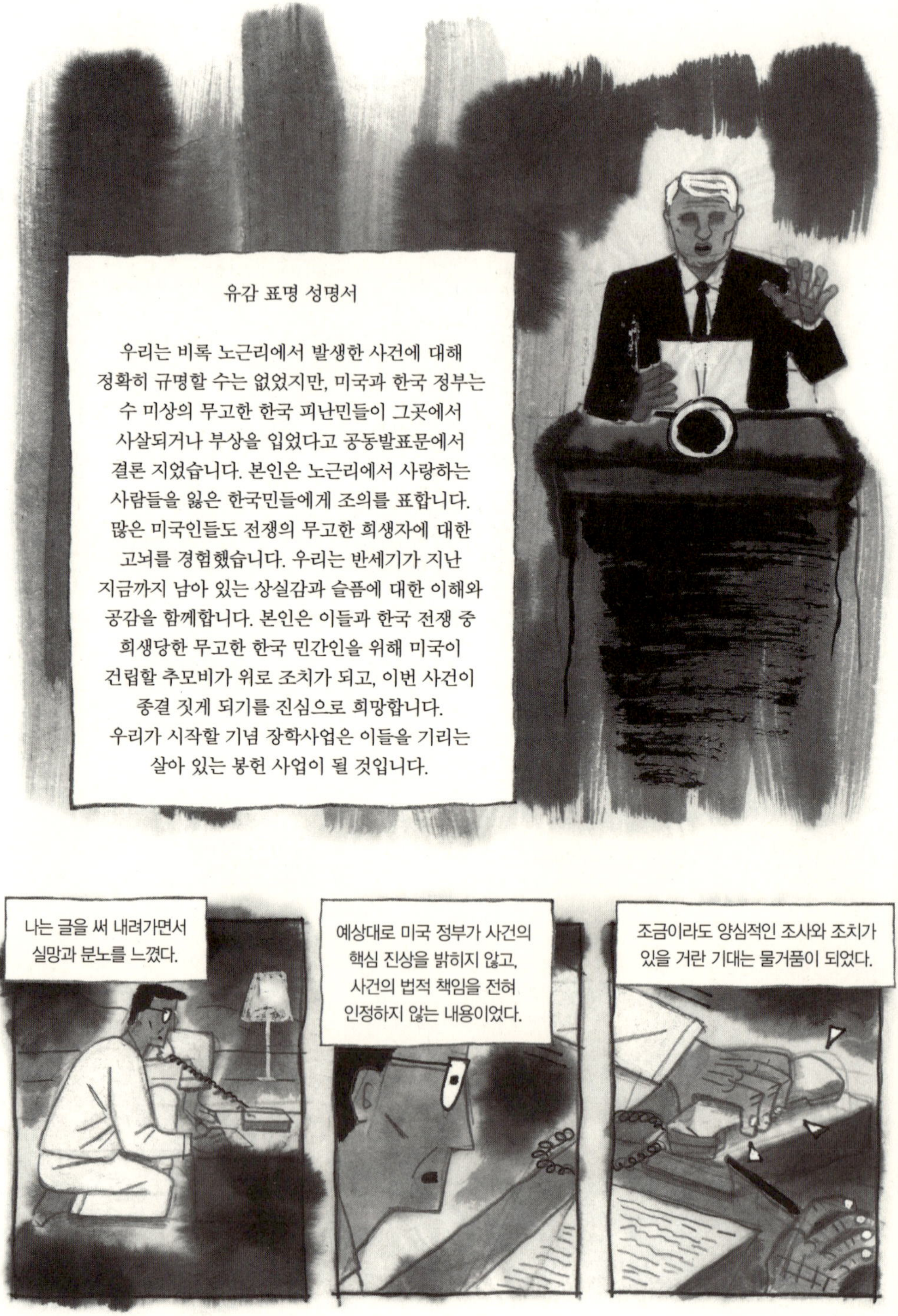

유감 표명 성명서

우리는 비록 노근리에서 발생한 사건에 대해 정확히 규명할 수는 없었지만, 미국과 한국 정부는 수 미상의 무고한 한국 피난민들이 그곳에서 사살되거나 부상을 입었다고 공동발표문에서 결론 지었습니다. 본인은 노근리에서 사랑하는 사람들을 잃은 한국민들에게 조의를 표합니다. 많은 미국인들도 전쟁의 무고한 희생자에 대한 고뇌를 경험했습니다. 우리는 반세기가 지난 지금까지 남아 있는 상실감과 슬픔에 대한 이해와 공감을 함께합니다. 본인은 이들과 한국 전쟁 중 희생당한 무고한 한국 민간인을 위해 미국이 건립할 추모비가 위로 조치가 되고, 이번 사건이 종결 짓게 되기를 진심으로 희망합니다. 우리가 시작할 기념 장학사업은 이들을 기리는 살아 있는 봉헌 사업이 될 것입니다.

나는 글을 써 내려가면서 실망과 분노를 느꼈다.

예상대로 미국 정부가 사건의 핵심 진상을 밝히지 않고, 사건의 법적 책임을 전혀 인정하지 않는 내용이었다.

조금이라도 양심적인 조사와 조치가 있을 거란 기대는 물거품이 되었다.

10
노근리는 살아 있다

2001년 9월 11일, 미국 무역센터에 테러가 일어난 뒤 미국은 북한과 이라크를 악의 축으로 규정했다.

2002년 12월, 미국 정부는 아프가니스탄을 공습한 뒤, 이어서 이라크의 살상무기를 제거해 자국민을 보호하고 세계 평화를 지키겠다는 명분을 내세워

2003년 동맹국인 영국, 오스트레일리아와 함께 이라크를 침공했다. 작전명은 '이라크의 자유'.

민간 지역에 대한 오폭으로 민간인 사상자가 늘어나면서 전쟁에 반대하는 시위가 세계 곳곳에서 일어났다.

바그다드 공습으로 종군 기자 10여 명, 민간인 1,253명 이상이 죽었고, 부상자도 5,100여 명에 달했다.

그밖에 이라크 군 1만3,800여 명이 미군의 포로로 잡히고, 적어도 2,320명의 이라크 군이 전사했다.

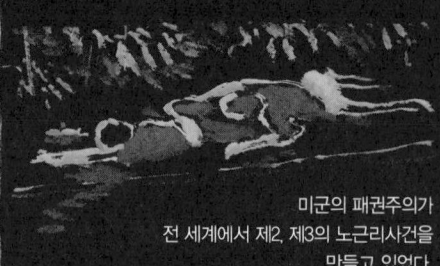

그런 가운데 한국에서는 2002년 6월 13일에 여중생 두 명이 미군 장갑차에 치여 목숨을 잃는 일이 일어났다. 살인 미군 처벌과 불평등한 한미 SOFA 개정을 촉구하는 촛불집회가 연일 시내를 밝혔다.

미군의 패권주의가 전 세계에서 제2, 제3의 노근리사건을 만들고 있었다.

2003년 5월 초, 미국의 공격으로 처참하게 팔다리가 잘려진 이라크 소년의 모습이 방송에 나왔다.

'알리'라는 그 소년의 모습이 며칠이 지나도록 머릿속에서 지워지지 않았다.

이라크에서는 테러가 일어나 유혈사태가 격렬해졌고, 국제 난민 수가 급증해 66만 명에 이르렀다.

물, 식량, 의료 지원이 끊겨 수많은 사람들이 고통받고 있었다.

무엇이든 우리가 이라크 어린이들을 도와야 해요.

돈을 모아 봅시다.

우리는 내가 사무총장으로 있는 '노근리인권평화연대'라는 단체 이름으로 모금 활동을 했다.

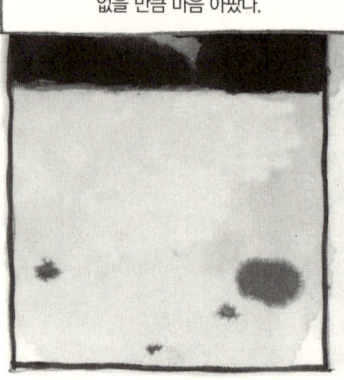
얼마 안 되는 돈이지만 전쟁으로 고통을 겪고 있는 이라크 어린이들을 도울 수 있다는 생각에 조금은 흐뭇했다. 하지만 전쟁이 남긴 상처를 생각하면 말로 표현할 수 없을 만큼 마음 아팠다.

정부종합청사

추모비 문구를 한국 전쟁 동안 고통당하고 사망했던 모든 민간인 희생자들에 대한 것으로 합시다.

그게 무슨 말이요! 다른 사건들은 아직 진상조사를 하지도 않았는데, 여기 넣는 것은 맞지 않아요!

노근리사건만으로 한정해야 합니다.

그럼 추모비를 세울 수 없소!

당시 한미 양국 정부는 진상조사 결과를 발표하면서 피해 신고자들에 대한 피해 사실 여부를 심사하지 않은 채 발표했다.

우리 피해 사실에 대해서는 언급도 안 하다니!

우린 더 이상 못 참겠소.

진상조사를 다시 하고 손해배상을 해 주시오! 그리고 미국 정부에 의존하지 말고, 한국 정부가 독자적으로 추모 사업을 추진하시오!

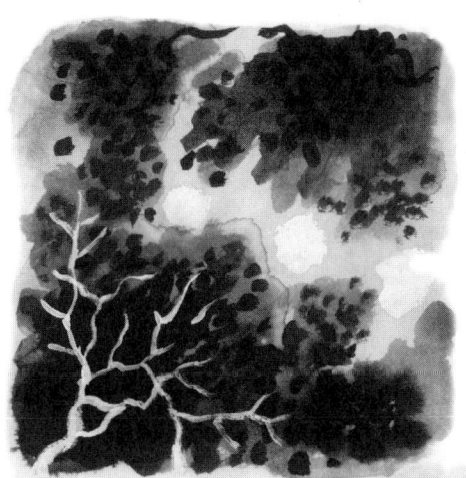

2003년 6월 12일, 심규철 의원이 발의한 노근리사건 진상규명 및 희생자 명예회복에 관한 특별법안이 국회 행정자치위원회에 회부되었다.

결과를 기다리고 있던 어느 날, 행정자치위원회 간사를 맡고 있는 의원 보좌관이 나에게 알려 주었다.

뭐라구요?

노근리 특별법이 국방위원회로 이관되었어요.

우리 소관이 아니오.

여기도 아니야.

그 뒤에도 여러 날 동안 행정자치위원회와 국방위원회 사이에 서로 소관이 아니라고 다투다가, 끝내는 국회의장 결정으로 국방위원회 소관이라고 어렵게 판결이 났다.

하필 보수적인 의원들이 가장 많은 국방위원회에 배정되었으니, 더 어렵겠어요.

노근리 특별법 제정도 물 건너가는 걸까요?

끄응…!

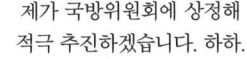

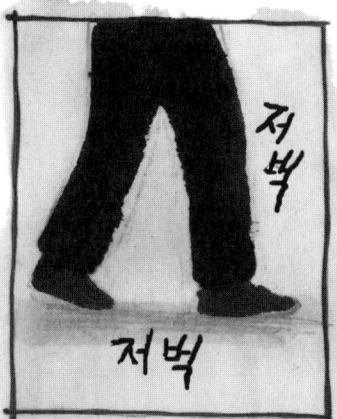

> 노근리 특별법 통과를 지켜본 노근리사건 피해자들은 모두 한없이 기뻐했다. 노근리사건이 일어난 지 54년 만의 일이었다.

> 정부로 넘어간 노근리 특별법은 2004년 3월 4일, 노무현 대통령이 서명함으로써 공포되었다.

그날 첫 회의는 나와 아버지에게 있어 평생 결코 잊을 수 없는 감격스런 순간이었다.

정 위원님, 노근리사건 실무 소위원회를 구성하려고 하는데 위원장을 맡아 주시오.

아! 이원종 도지사님.

저는 서울에서 직장 생활을 하고 있고 중앙위원직까지 맡고 있어서 힘들겠습니다.

정 위원이 안 하면 누가 합니까?

행정적인 뒷받침은 최대한 해 줄 테니 꼭 맡아 주시오.

그게…….

결국 피해자 입장을 반영하는 데 도움이 될 것이라 판단하여 요청을 받아들였다.

나는 희생자 심사를 추진하고 노근리평화공원이 준공되기까지 7년 동안 서울과 청주, 영동군을 오가며 해마다 수십 차례 회의에 참석해야 했다.

기차 시간 늦겠다.

노근리사건 피해자 218명, 유족으로 2,240명이 확정되었습니다.

아버지가 노근리사건을 파헤치기 시작한 지 45년 만에, 나는 소설 작업을 도와 드린 지 14년 만에, 세상에 노근리사건 희생자들이 드러났다. 실로 감격스런 순간이었다.

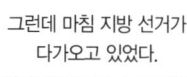

희생자 유가족들 가운데 이장을 희망하는 분들 유해가 안장되고 드디어 준공식을 갖게 된 것이다.

노근리평화공원 안에 교육관을 세우면 반미 교육의 장이 될 것이기 때문에 안 됩니다.

노근리사건 지원단장

지원단장은 그 뒤에도 중앙지에 사설을 쓰게 하는 등 교육관 건립을 계속 막았다.

반미……

반미 현상은 미국의 이웃 국가인 캐나다와 멕시코는 물론 중동, 아프리카, 유럽 국가들 사이에서도 흔하게 나타나는 현상이다.

반미 감정은 미국의 특정 정책이나 사안에 관련한 비판이고, 반미주의는 미국 대한 전면 거부이다.

반미 감정은 미국을 적대시하는 것이 아니기 때문에 미국과의 관계가 원만해지거나 특정 사건이 진정되면 옅어지거나 사라질 수 있다.

이와 달리 반미주의는 미국적 가치관이나 제도 자체를 부정하는 것이기 때문에 쉽게 없어지지 않는다.

유족들은 자유민주주의를 신봉하는 사람들이다. 이 사람들은 단지 미국을 상대로 억울함을 풀기 위해 활동하는 것일 뿐인데, 이것도 반미라고 몰아붙일 수 있는 것인가?

반미주의자!

2011년 5월, 노근리평화공원 조성 공사가 한창이던 어느 날.

세계적으로 유명한 평화박물관 관장들과 평화학자들이 참가하는 국제 컨퍼런스 가운데 하나인 제 7차 INMP*컨퍼런스와 총회가 스페인에서 열렸다.

한국은 휴전을 했지만 60년이 넘도록 남북이 극한 대립을 하고 있습니다.

*INMP(International Network Museum For Peace) : 세계 여러 나라 평화박물관 간의 국제교류협력을 관장하는 국제박물관 단체.

그래서 한국은 세계 어느 곳보다도 평화가 절실합니다. 노근리평화공원은 한국 전쟁 당시 참전 미군에 의해 무고한 피난민 수백 명이 학살된 곳입니다.

전쟁을 반대하고 평화가 중요함을 보여주는 이곳에서 제8차 INMP평화컨퍼런스가 개최되기를 희망합니다.

노근리평화공원 준공식을 앞두고

네덜란드 헤이그에 있는 INMP본부로부터 기쁜 소식이 날아왔다.

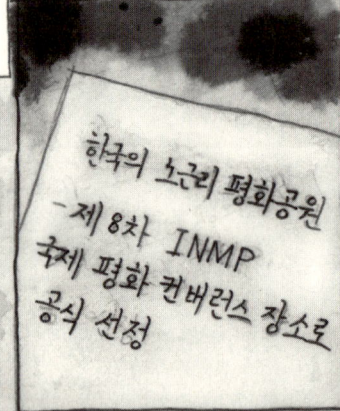

한국의 노근리 평화공원
- 제8차 INMP
국제 평화 컨퍼런스 장소로
공식 선정

대한민국 정부는 노근리 특별법에 따라 5년 간의 공사 끝에 노근리사건 현장 일대 4만 평 부지에 노근리평화공원을 조성했다.
2011년 11월 27일, 준공식에 참석한 아버지와 나는 만감이 교차했다.
나는 마음속으로 노근리평화공원이 전세계 사람들이 찾는 인권과 평화, 역사 교육의 전당이 되기를 간절히 빌었다.

사진으로 보는 노근리사건의 진실 규명과 인권을 위한 싸움

노근리 쌍굴다리
쌍굴은 길이 25미터, 높이 10미터 남짓한 크기이다. 한미 진상조사반 합동 기술 조사 때 탄흔을 찾아낸 자리에 동그라미나 세모로 표시를 해 둔 것이 보인다.

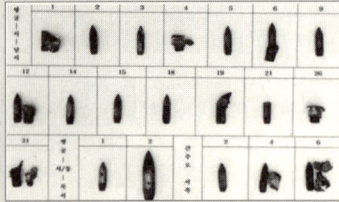

현장 기술 조사에서 찾아낸 탄두
쌍굴다리 콘크리트에서 찾아낸 탄환 가운데 20개를 빼내 성분 분석을 한 결과, 한국 전쟁 때 미군이 쓰던 탄환과 같은 것으로 밝혀졌다.

노근리사건 생존 피해자
코를 다친 정구학 씨(왼쪽)
한쪽 눈을 잃은 양해숙 씨(오른쪽)

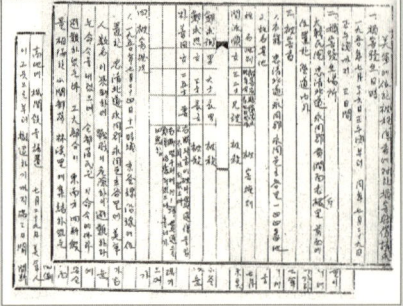 

손해배상신청서(왼쪽)
노근리 실화 소설(오른쪽)
노근리사건 피해자 가족인 정은용은 1960년 12월 27일 주한 미군 소청사무소에 손해배상신청서를 제출하였고, 1994년 4월 15일 실화 소설 《그대, 우리의 아픔을 아는가》를 출간했다.

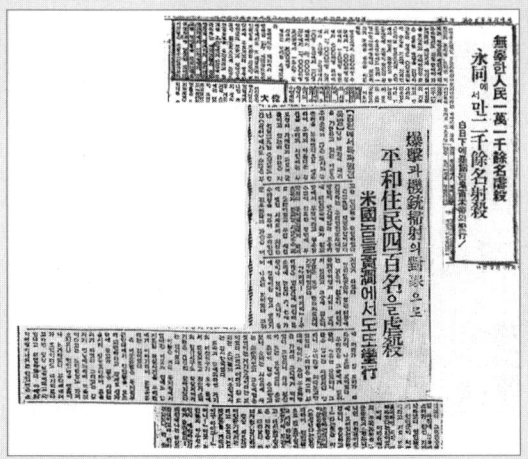

조선인민보 기사
1950년 8월 10일, 19일자
조선인민보 기사를 청원서와 함께
미국 정부에 증거물로 제출했다.
원본은 미국 국립문서기록관리청에 있다.

국내 언론 보도
노근리사건 실화 소설 출간 직후인 1994년 4월 29일
연합통신에서 노근리사건을 처음 보도한 이래
〈한겨레〉, 〈한국일보〉, 〈경향신문〉, 월간 〈말〉 들에서
보도가 이어졌다.

미국 언론 보도
1999년 9월 30일 AP통신 보도로
노근리사건의 실상이 전 세계에 알려지자
New York Times, Washington Post, CNN,
ABC, NBC 같은 미국 주요 언론들이
노근리사건을 주요 뉴스로 다루기 시작했다.

국회 국정감사반 현장 방문
행정자치위원회 소속 국회의원으로 이뤄진 국회 국정감사반이 노근리 쌍굴다리 현장을 방문해 피해자 증언을 듣고 있다. (1999년 10월 5일)

미국 대책단 현장 방문
루이스 칼데라 미국 육군성 장관이 이끄는 미국 대책단이 노근리사건 현장을 방문해 피해자한테서 사건 당시 상황에 대한 이야기를 듣고 있다. (2000년 1월 10일)

BBC 취재 팀 현장 취재
영국 BBC 노근리 특집 다큐멘터리 'Kill'em all' 제작팀이 노근리사건 현장을 방문해 취재하고 있다. (2001년 5월)

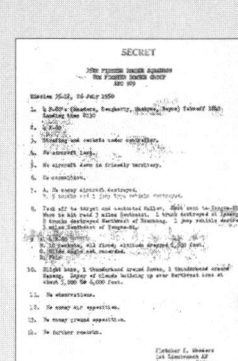

노근리 비밀 문서
AP통신 기자들이 미국 국립문서기록관리청에서 찾아낸 비밀문서이다. 한국 전쟁 당시 민간인에게 기총사격 명령이 내려졌다는 걸 증명하는 내용이 담겨 있다.

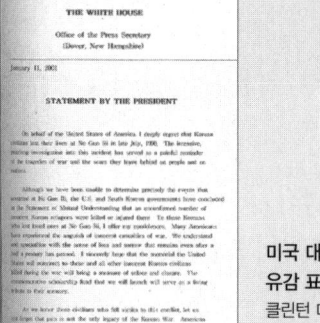

미국 대통령 유감 표명 성명서
클린턴 미국 대통령이 성명서를 발표했다. (2001년 1월 12일)

노근리사건 희생자심사 및 명예회복 위원회 제1차 회의
국무총리 주재로 제1차 회의를 열고 '노근리사건 희생자심사 및 명예회복에 관한 특별법 시행 세칙'과 '사실조사에 관한 지침'을 심의·의결했다. (2004년 9월 20일)

INMP 국제 컨퍼런스 개최
노근리평화공원에서 제8차 INMP(국제평화박물관 네트워크) 국제 컨퍼런스가 열렸다. 전 세계 35개국 평화박물관장, 평화운동가 200여 명이 참석해 '전쟁의 방지와 기억, 역사적 진실, 화해의 증진을 위한 평화박물관의 역할'에 대한 연구결과를 발표했다. (2014년 9월 19일~22일)

만화 〈노근리 이야기〉 1, 2부 원작자이자 주인공인
아버지 정은용(왼쪽)과 아들 정구도(오른쪽)

노근리사건희생자 유족회장 고 정은용은 1960년 미국 정부에
노근리사건에 대한 공식 사과와 손해배상을 요청하는 청원서를 보냈다.
군사 정권 시절인 1977년에는 노근리사건을 다룬 중편 소설을,
1994년에는 장편 실화 소설을 출간했다.
정은용 회장의 아들인 정구도는 아버지의 장편 소설 집필 작업을
도와 드린 것을 계기로 1991년부터 20여 년 동안
노근리사건의 진상규명과 사건 해결을 위해 아버지와 동지처럼 일했다.
노근리사건 유족들은 불굴의 의지로 사건의 실체를 세상에 알려 냈다.
정은용과 정구도 두 사람은 누구보다 이 일에 앞장섰다.
그렇게 끈질기게 노력한 결과 2004년 2월,
대한민국 국회에서 노근리 특별법이 제정되었고,
노근리는 이제 인권과 평화의 대명사가 되었다.
노근리평화연구소와 노근리국제평화재단은 인권과 평화를 드높이기 위해
해마다 노근리평화상을 수여하고, 세계 대학생 인권평화 캠프,
국제평화학술대회, 평화기원음악회, 인권사진전, 인권백일장대회 같은
여러 가지 학술, 문화 행사를 열고 있다.
한국 정부는 노근리 특별법에 따라 사건 현장 일대 132,240㎡(4만여 평) 부지에
노근리평화공원을 세웠다. 미군에 의해 인권이 짓밟힌 처참한 학살의 현장이
지금은 평화교육과 인권회복, 생명존중의 전당으로 자리매김했다.